誰からも「気がきく」と言われる45の習慣

思わずマネしたくなる一流秘書の技術

能町光香

❶ はじめに

　突然ですが、あなたが「気をきかせたいなぁ」と思うのって、どんなときでしょうか？

　ちょっとした雑談でのやり取りであるとか、立ち居振る舞い、タイミングや空気の読み方、身だしなみも気をきかせるポイントかもしれません。

　詳しくは本書の中でお伝えしていきますが、私はこれまで秘書として働いてきました。

　秘書、というとなかなかイメージがわきにくいかもしれませんが、たとえば**会社の社長や副社長、常務や専務、部長といった人たちが効率的に仕事をできるようにサポートするのが秘書の仕事です。**

　会社の社長や役員といった方々の場合、1日のスケジュールはそれこそ分刻みのようなことが多くなります。

　だから、秘書は彼らがスケジュールどおり動いていけるように新幹線や飛行機、ホテルなどの予約、会議や会食の段取り・・・などなどを行っていくのです。

　10年以上秘書として仕事を続け、気づけばベテランと呼ばれるようになりましたが、今も秘書を続けています。

　そのかたわら、最近では若手秘書の方々と接し、意見交換や指導をさせていただく機会も増えました。

そこでわかったのは、**秘書という仕事の本質は"気づかい""心づかい"だということです。**

　今回、この『誰からも「気がきく」と言われる45の習慣』を執筆するにあたり、当初は「私ってそんなに気がきくかなぁ・・・」と戸惑う面もあったのですが、自分の仕事やプライベートを振り返ってみて、ものごとの段取り、人に会うときの話し方や聞き方、表情など、「ああ、そういえば気を配ってるかも・・・」と思うことが多かったのです。

　私が思うに、気をきかせるというのは、言い方を変えれば**相手の考えや気持ち、ものごとの目的が読めているか、自分本位になっていないかということです。**

　そのうえで相手の期待どおりのこと、あるいは期待を上回ることをしてあげる力が気づかいだと言えるでしょう。

　だから、普段の何気ないコミュニケーションから時間の管理、身のまわりの整理、服装や表情などの見た目、一つひとつの動作・・・あらゆることが気づかいにつながってきます。

　しかしそれは、大げさなことをしましょう、マニュアルどおりの気づかいをしよう、ということではありません。

　大事なのは、嫌みのないさりげない気づかい、無意識のちょっとした気づかいです。

　そして、それが積み重なっていったときにはじめて、誰からも「気がきくなぁ」と言われるようになると思うのです。

今この本を手に取られている方の中には「もっと気がきくようになりたい！」とか「気がきかなくて失敗したことがある」とか、「気をきかせているのに伝わらない！」といった経験のある方もいるでしょう。
「どうすれば"いい感じ"の人に見られるの？」「あの人みたいに気をきかせるには何が足りないんだ？」といった問題意識もあるかもしれません。

 そこで本書では、**普段の生活で実践できる考え方や行動の習慣をもとに、気づかいの原則を全6章で述べていきます。**
 また、巻末には「今さら人には聞けない、オトナの常識とマナー5編」と題した終章もご用意しました。
 本書の習慣を身につけた上で、形式的なマナーも自然とできるようになれば、怖いものはありません。

 人に感謝されるような気づかいができると、信頼を集め、いざというときに助けてくれる味方も増えます。
 何より、「気がきくね、ありがとう！」と言われるのはあなた自身の喜び、生きていくうえでのモチベーションにもなるはずです。
 僭越ではありますが、私の経験が少しでもあなたの力になれれば幸いです。どうぞ、最後までお付き合いください。

2010年10月　能町光香

第1章
いつでも気がきく人の3つの共通点

- 010　1　相手ありき
- 017　2　尊敬する
- 020　3　先読みする

第2章
信頼される人の気づかいの習慣

- 024　4　言葉よりも行動で
- 028　5　感情に寄り添う
- 032　6　タイミングを読む
- 036　7　人やものにあたらない
- 038　8　我を押しつけない
- 040　9　想像力で先読みする
- 043　10　下心を持たない
- 046　11　言い訳・責任転嫁しない

第3章
臨機応変なコミュニケーションで敵をつくらない

- 050　12　誰にでもフェアに接する
- 055　13　人に興味を持つ
- 058　14　自分と相手の立場と役割をわきまえる
- 062　15　対面コミュニケーションを大切にする
- 066　16　本音で接する
- 069　17　好き嫌いを出さない

contents

- 072　18 必ず「おはよう」と言う
- 076　19 聞くときはじっと聞く
- 080　20 新しい環境ではキーパーソンを見つける
- 084　21 人を迎えたときには食事をする
- 087　22 気難しい人とは感情で付き合わない

第4章
細やかな配慮でやる気を引き出す

- 092　23 マネジメントをしてもコントロールはしない
- 097　24 絶対に「ダメ」と言わない
- 100　25 意見を聞く、考えを聞く
- 104　26 Give & Take はしない
- 108　27 エンディングを気持ちよくする
- 111　28 ちょっとした一言を惜しまない
- 114　29 相手が喜ぶプレゼントをする
- 118　30 お礼には一筆添える

第5章
言いにくいことも言えるようになる スマートな伝え方

- 122　31 話の要点がわかりやすい
- 126　32 読まれるメールを送る
- 130　33 余計なプレッシャーを抱えない
- 134　34 余計なことを言わない
- 138　35 初対面でも沈黙を恐れない
- 142　36 キッパリと断る

contents

- 146　37 注意しない、否定しない
- 150　38 気持ちのいいお願いをする

第6章

気配り上手の効率的なタイムマネジメント

- 156　39 時間感覚を意識する
- 158　40 計画性がある
- 161　41 決断が早い
- 165　42 面倒をためない
- 168　43 準備はしても完璧は目指さない
- 172　44 勉強や仕事は朝にやる
- 178　45 気疲れを癒す

終章

今さら人には聞けない、オトナの常識とマナー5編

- 182　1 贈り物編
- 184　2 食事編
- 186　3 結婚式編
- 188　4 葬儀編
- 190　5 来客・訪問編

第1章

いつでも気がきく人の
3つの共通点

1 相手ありき

「気づかい」や「気配り」、言い方はさまざまですが、そもそも「気がきく」とはどういうことでしょうか？

いくら頭がよくて、知識が豊富、頭の回転の速い人でも、まわりへの配慮が足りなかったり、きちんとしたコミュニケーションが取れなかったり。そんな人だと、はたから見ていて「この人は何なの!?」と思ってしまいませんか。

あるいは友達同士の集まりなどで、ちょっと小粋でセンスのいいお店を選んだりとか、人を楽しませる会話ができたりとか、飲み物がなくなったらサッと注文してくれるとか、そんな人を見ると「ああ、この人は気がきくなぁ」と思いますよね。さて、その違いは何なのでしょうか。

上司次第で変わる秘書の仕事内容

私は、そもそも気づかいのスタートは"相手のことをリスペクト（尊敬）すること"だと思っています。

「はじめに」でも触れましたが、私は秘書として働いてきました。今も日々、上司に"いかに快適で気持ちよく仕事をしてもらえるか"を念頭に仕事を続けています（本書では、私が秘書としてサポートしてきた人を"上司"と呼ばせていただきます）。

秘書の仕事というのは、「上司の仕事の生産性を最大化するためのサポートを行う」ということに尽きます。

早い話が、あまりムダなことをさせずにたくさんの成果や利益を出してもらう。そのためにいろいろと事前に準備をするということです。

それこそお茶くみのようなことから、出張の際の飛行機や新幹線、ホテルの予約、会議があればその下準備や、内容をまとめて会議の参加者に報告するといったまさに"秘書っぽい"仕事から、上司の代わりにチームを動かしたり、時には社員のリストラ勧告に携わったり・・・といったシビアな場面もあったりします。

ただそれも、「上司がそう望むのであれば」という条件つきです。「お茶くみだけしてればいいよ」、と言われればそれ以上のことはできませんし、「一緒に会社を変えていこう」と言われれば、それに向けて精一杯サポートをします。

つまり、上司が何を求めるかによって業務の内容まで大幅に変わってしまう仕事、それが秘書の仕事なのです。

私の仕事は常に「上司は何を考えているのか」「上司は私に何をしてほしいのか」ということを考え、その上で上司にとって快適なサポートができるよう、ものごとの先読みを心がけることです。

常に、相手ありきなのです。

気がきく、きかない、届いていない

「相手ありき」、これは日常のどんなことにもあてはまるでしょう。

相手の性格や、考えていることがわからないまま「何となく」気をつかってしまうと、せっかくやったのに伝わらない、それどころか逆効果！ということだってありえます。

たとえば、付き合っている人に美味しいものを食べさせてあげようと、手間ひまかけて「ビーフシチュー」を作ったとしましょう。

お肉の下処理からワインでじっくり煮込んで、ソースも自家製。香草も野菜も、この日のために調達した特別なもの。腕によりをかけた１日がかりの力作・・・完璧！

でもそれも、食べてくれる人がその手間ひまや労力のわかる人でないと、ありがたみがわかりません。

たとえば偏食の人、食事に特に関心のない人が相手では、「ごめん、ニンジン嫌いなんだよね」とか、「あっ、ファミレスの味がするよ！」・・・という感想で終わってしまうこともあるかもしれません。

相手の趣味嗜好と自分のしたことの方向性が一致していなかったので、「気がきくね」とは言われないのです。

つまり「気がきく」というのは、あなたが行ったことが相手の望みにかない、相手が喜びや幸せを感じ、満足したというこ

と。「気がきかない」とは、あなたのしたこと、あるいはしなかったことで相手が不満に思ってしまったということ。

そして、このビーフシチューの一件のように「気をつかったことに対して何も反応(感謝の言葉など)がない」というのは、あなたの気づかいが相手の方向と違った、ということになります。つまり、届いていないのです。

端的に言うと、「気づかいが相手ありき」とはこういうことなのです。**相手のことを理解しなければ相手のことを満足させることなどできません。**

> **相手が求めていないことは気づかいにならない**

理解しようという姿勢を示す

しかし、今の「ビーフシチュー」の一件はもう1つ別の見方ができます。それは**「食べた側には気づかいがあったか？」**ということです。

「ファミレスの味がする」ではなく、「どうやって作ったの？」「時間かかったんじゃないの？」「手がこんでるね、ありがとう」といったように、相手が言われて嬉しい言葉をかけてあげることもできたはずです。

「デリカシー」という言い方もできるかもしれませんが、これも気づかいの一種。相手のしてくれたことを考えると、「ニンジンが・・・」「ファミレスの・・・」という言葉を発するのは、配慮が足りていないように思えます。

では、もしも食べた人が偏食などではなく、違いのわかる人だったら・・・？

本当にシチューがおいしくて、相手の気づかいを思いやった一言があれば、作ったビーフシチューも作り手も、受け手も、ハッピーエンドで終われたでしょう。

気づかいは気づかいで返す

なぜこのような話をしたかと言うと、普段生活する中で、私たちはこの「作る側」と「食べる側」、どちらになることもあるからです。つまり、「作る側」とは「気をつかう側」。「食べる側」とは「気づかいを受ける側」。

あなたが作る側に回れば相手のことを考えた気づかいをすべきですし、あなたが受ける側になれば、相手の気づかいにきちんと気づき、「ありがとう」「気がきくね」と自分の気持ちを言葉できちんと表現して返してあげる。本当に気がきく人は、このように相手の考えや気持ちをくみ取ろうとします。

「ああ、この人はこういうことを考えているから、今こうしているわけだな・・・それならこうした方がいいかな・・・？」というように考えるわけです。

気づかいがきちんと受け取られ、気づかいで返される。
相手ありきとは、この双方向性なのです。

相手が誰か？　何を考えているのか？　何を求めているのか？　こういうことを念頭においておかないと、なかなか「気のきいたこと」をするのは難しいでしょう。

このように言うと、非常にハードルの高いことに思えますが、本質はとてもシンプルです。

それは、相手の立場を思いやり、相手の視点でものごとを感じとり、見てみること。

これを忘れないことが、気がきくかどうかの大事なポイントではないでしょうか。本書の最初に、このことを覚えておいてください。

> つくった人のことを考えれば下手なことは言えない

気がきく人は、受けた気づかいに気づける人。
相手のこと、しっかり考えていますか?

② 尊敬する

　相手の立場や考えを思いやること。前述したとおり、これは気づかいの前提です。

　しかし、これを「親切にすればいいんだ」「優しくすればいいのね」と解釈するのはちょっと違います。

　もちろん人として生きる上では、人に対する親切心も優しさも必要です。

　でも、それがイコール「気づかい」とはならないような気がするのです。とても似てはいるのですが、ちょっと違う。

親切と優しさ、見返りと遠慮

　「優しさはエゴだ」という言葉があります。

　つまり、優しさが自分本位の方向で働いてしまうことが多いのです。たとえば、相手に喜んでもらおうとしていることも、**心のどこかで見返りを求めていたり、「与えてあげている」という意識があったり・・・。**

　優しくする、親切にする。それ自体、まったく悪いことではありません。

　でも、そういうスタンスで人に気をつかっていると、「私がこれだけがんばってるのに！」「俺がこれだけ気をつかってるんだからもっと評価があってもいいだろう！」というような不

平不満。

　これでは相手も自分も気疲れしてしまいます。

　さらに、「自分は正しいことをしているのに！」とエゴの部分が強くなってくると、自分のやり方と同じようにしない人を認めることができなくなる・・・そうして自分の価値観を人に強要してしまうと、信頼どころか批判を集めてしまうのです。

　また、**優しい人や親切な人は何でも遠慮してしまいがちです**。「まずいことを言って怒らせたら・・・？」「でしゃばったらダメかな・・・？」相手の気持ちを考えるあまり、何もできなくなったり、言えなくなったりしてしまう。

　そのために「自己主張がない人」とか、「ハッキリしない人」と思われる・・・。若手秘書の話を聞いていると、そんな悩みがあるようです。

　その優しさが理解されないと、「気がきかない人だなぁ」と思われることだってあるでしょう。本人としては、気をきかせた結果が遠慮なのに・・・それこそ本末転倒です。

気をきかせることの本質

　やはり、本当の気づかいというのはエゴの優しさ、遠慮する優しさとは別のところにある気がします。

　大事なのは、リスペクトです。

　リスペクトするとは、**その人自身の人となりや、していること、またその人の時間や空間など、あらゆることに対して配慮**

をするということです。

結局、このリスペクトがあるかないかで、「相手ありき」の態度がとれるかどうかも決まると思います。

人へのリスペクトを忘れてしまうと、どうしても自分の方向に向いた気のつかい方、「信頼されたいから〇〇をする」「好かれたい、感謝されたいから××をする」といったことになりがちです。

だから私の場合、**「相手が心地よくいられるにはどうすればいいのか？」**ということを何よりも先において考え、余計なことは言わないようにしています。

気づかいも、度が過ぎればただのお節介。また、控えめすぎても「気のきかない人」。このバランスを上手にとるのが気づかいの妙というのか、技術なのかもしれません。

押しつけがましくなく、かつ自信をもってできる気づかい。これを目指し、まずは「気づかい」のバランスがうまくとれているか振り返ってみてはどうでしょうか。

相手へのリスペクトを心がけながら接してみてください。

親切や優しさがエゴに変わっていませんか？
遠慮地獄にはまっていませんか？

3 先読みする

　気がきく人になるために必要なのは「相手ありき」、「リスペクト」とお話ししましたが、私がそう思いはじめたのはたくさんの優秀な上司に出会い、一緒に行動をしてきたからだと思っています。

　優秀な上司、いい上司というのは、端的に言うと「一緒に仕事をしていて信頼のできる人」のことです。

「この人と働きたい」。おもしろいことに、**部下が信頼をよせる上司はみな、私たち秘書以上に気がきくのでした。**

　たとえば、「今日の調子はどう？」といつでも笑顔で明るく声をかけてくれるなど、とても気さくで、あいさつされた方が笑顔になってしまうくらいです。

先が読める上司はムダなことをさせない

　ただ、それ以上に彼らの気づかいを見て「うわぁすごいなぁ」と感嘆してしまうのは、ものすごく先読みができていることです。

　まるで将棋や囲碁、チェスをやるように、自分のすべきこと、人にしてもらうべきことの何十手も先を見ています。

　最初は全然わからなかったのですが、秘書をはじめたばかりのとき「あれをやっといて」「これをやっといて」と、言われ

るままに作業をこなしていると、1〜2週間経ったあとではじめて、「ああ、あの仕事ってこのためだったのね・・・」と、気づかされることもありました。

　そうして先の見えている人は秘書にムダな仕事をさせません。必要な仕事しかやらせないので、私もきっちり定時に帰れることがほとんどでした。

　秘書の仕事が上司のサポートなら、**上司もまた、私たち秘書がより高いパフォーマンスを出せるよう、効率的に働けるよう配慮してくれていたのです。**

　逆に、行き当たりばったりの上司はムダが多くなります。「ちょっとこの書類作ってくれるかな」と頼まれ、できたものを「どうでしょうか・・・？」と差し出すと、「あ、それやっぱりいいんだ。ごめんね、それじゃなくてこっちの・・・」。

　そんな、骨折り損で終わる仕事が増えてくるのです。

　あなたの周囲にも、信頼を集めている人がいると思います。何となく魅力があって、いつも人に囲まれている。

　そんな人にこそ、信頼されるコミュニケーションの取り方や、一歩二歩先を常に読んだ行動があるはずです。

　周囲にあなたの好きな人、信頼できる人を見つけたら、どんなときに「この人は信頼できるなぁ」と思うか、考えてみるといいでしょう。

　そこに、あなたのすべき気づかいのヒント、答えがあるかもしれません。

先回りできている人は信頼ができる

先の先まで読んだ行動が、人に安心感を与える。
行き当たりばったりになっていませんか？

第2章

信頼される人の
気づかいの習慣

❹ 言葉よりも行動で

「大変でしたね。会議だったんですか?」
　夜遅く。仕事で会議をしていたときのこと。部屋を出たら、同僚がこう声をかけてくれました。
「そうなの。このあともちょっと資料をまとめないといけなくて・・・」
「ええ〜、そうなんですか? お疲れさまです、がんばってくださいね〜!」

愛想のいい人、気がきく人

　上の会話、どう思われるでしょうか?
　気をつかってくれていい子だなぁ、と思われる人もいるかもしれませんが、残念ながら私は少し、「あれ?」と思ってしまいました。
「あれ?」というのは、「がんばってって、それだけ?」と、何となく拍子抜け。
　声をかけ、同調をしてくれるものの、「何か、気持ちが入ってなくない?」と感じたのです。
　このときは会議も長丁場になり、私は若干疲れていました。そんなところに

「会議だったんですか？」
（はい、見てのとおりです・・・）
「お疲れさまです！」
（ええ、ちょっとお疲れです・・・）
「がんばってくださいね〜！」
（もちろん、そのつもりです・・・）

というやりとりですから、あまりにも内容のないというか・・・。**気をきかせてくれたのはありがたいのですが、何だか余計に疲れてしまいます。**

この対応では、「愛想のいい子ね・・・」と思われても、「気のきく子だなぁ」とは思われません。

たとえば、こうした場面で「気がきく！」と言われるには、「お疲れさまです！」と、飴やクッキーを渡すとか、「どうぞ」と温かいコーヒーをさりげなくさっと持ってくるとか、「二人の方が早いですよね」と一緒に率先して会議室を片付けるとか、そうした心づかいが必要です。

行動が伴わないと気持ちは伝わらない

これは、本当にちょっとしたことでもいいのです。

言葉だけでない何かを添えて、行動として見せることが本当の気づかいだと思います。

「とりあえずなぐさめの言葉をかけてみる」、というのが日本的な気づかいなのかもしれませんが、やはり、されても気持ち

のよくないことは"ムダな気づかい"になってしまうのではないでしょうか。

　もちろん、前項のように人を元気づけたいときなど、言葉が必要な場面はたくさんあります。あいさつや、感謝の言葉、人をお祝いするとき、謝るとき・・・。

　ですが、**気持ちのこもっていない言葉はすぐに相手にも伝わってしまいます。**それでは、感謝をされるどころか逆に不快感を与えてしまうこともあるでしょう。

小さな行動が信頼を集める

　多くの場合、気持ちのこもった気づかいには言葉だけでなく、行動が伴っているはずです。

　たとえば、友人がメールなどで弱音や愚痴を吐いていたとき・・・。

　私がその友人なら、「どうかしたの？」とすぐに電話一本くれる人を信頼したくなります。

　それは、かけられた言葉が嬉しいのではなく、「わざわざ電話をしてくれた」という行動に感動、感謝をするからです。

　本当に小さなことですが、そのちょっとしたポイントで行動を起こすことが、信頼を集める気のきかせ方です。

　ぜひ、日々の小さな行動を意識してみてください。

言葉に、ちょっとだけ行動を加える

思ってもないことは伝わらない。
思っているだけでも伝わらない。

5 感情に寄り添う

「気がきく」、相手にそう思ってもらうのに必要なのは、相手の喜ぶポイントを理解することです。相手の事情を無視して、自分自信の視点で気づかいをしてしまうと「余計なお世話！」ということになってしまいます。

こう言うと、「じゃあ、どうしたら相手の喜ぶポイントを理解できるの？」と思われるでしょうか。

相手の欲していることは、性格、出身、年齢、価値観、趣味嗜好、育った文化、その他いろいろなバックグランドによって異なってきます。それだけでなく、その時々、その前の日、その日の朝、5分前に何があったかだけで気分は変わってきてしまうでしょう。人間の感情というのはそれほど非常にナイーブで複雑繊細なのです。

「ん？ それじゃあ人の気持ちを理解するなんてできないんじゃないの？」と思われるかもしれませんが、いえいえ、そんなことはありません。

表情や仕草から読み取れる空気

私は「感情に寄り添う」という表現をいつも使うのですが、相手の気持ちにぴったりとくっつくようなイメージをしてみてください。その人の周りに流れる空気、ピリピリしていると

か、ボーっとしているとか、眠そうだとか、感じることがあると思います。

それは、相手の表情、眉毛の形、眉間のしわ、視線、目の力の強さや弱さ、口の形、声のトーン、言葉数、鼻、耳、手や足の仕草、物の置き方、ドアの閉め方・・・といった**目に見えるものや、音として聞こえるヒントとなってあらわれてくるからです。**

人間というのは五感を使ってそれを「何となく」感じ取っています。その人を包む空気がなんだか重いなら「ああ、今日はこの人怒ってるなぁ」。いつもより口角が上がっていたりテンションが少し高かったりすれば、「今日はいいことあったんだなぁ」と思いますよね？

ちょっとした変化に気づく

その気づきを気づかいにレベルアップさせるポイントは、相手のちょっとした変化に気づいてあげることです。

私は人が髪を切ったり、顔色の変化だったり、服装の変化だったり、微妙な差を見つけるのが得意なほうだと自負しています。

たとえば、上司がいつもより明るい色のネクタイをしている・・・表情も何となく明るい・・・。

そうすれば、「あれ、そのネクタイ。何かいいことでもあったんですか？」

そう聞くと、「そうなんだよ、実は今日結婚記念日でね！」

「ええっ！ そうなんですか、何周年なんですか⁉」という楽しい会話につながります。

すると、まわりの社員の人たちも、「え、何々？」といった感じで集まってくる。気づくと楽しいコミュニケーションの輪ができたりするのです。

こうして小さな変化に気づくことができるかどうか。

それは、**普段からその人のことを気にかけて見ているかどうかだと思います。**その人の顔、姿勢、声、肌の色、髪の色、長さ・・・どんなことでもいいのです。きちんと見ていれば、ほんの少しの変化でも気がつきます。

それは、決して難しいことではありません。

職場の同僚、友達、恋人、奥さんやダンナさん、お父さんお母さん・・・接する回数の多い人ほど、その変化に気づきやすいはずです。

ちょっと服装や表情などの雰囲気が明るくなったときなどは「服の雰囲気変わったね」「何かいいことあった？」と聞いてみるだけでいいと思います。

「愛の反対は無関心」という言葉があるように、自分のことをきちんと見てもらいたいのなら、自分も相手のことをきちんと見てあげること。

相手の喜ぶポイントの理解は、そこからはじまるのだと思います。

変化に気づいたら、声をかけてみる

じっと見ていれば、微妙な変化がわかる。
身近な人の表情、服装、見ていますか？

6 タイミングを読む

　感情に寄り添うことが大事だという話をしましたが、人の感情に気がまわるようになったら、今度はタイミングを意識してみてください。

　特に、人が忙しいときやカリカリしているときなど。タイミングをよく読まないといけないことがあります。

　たとえば私の場合、上司がキーボードを叩いているとき、音がいつもよりちょっと大きかったら、「あぁ、なんだかイライラしてるなぁ」と感じます。

　そうか、最近忙しいからストレスがたまっているのかも・・・そう思ったら、ランチにお誘いして小一時間話すこともあります。

　あるいは、「疲れてるんじゃないですか？ 甘いものでもどうぞ！」とチョコレートや飲み物を渡すときもあります。

　話をする、飲み物を渡す、やることは本当にそれだけですが、上司の表情がパッと晴れるのです。

大事なのは中身よりもタイミング

　つまり気づかいというのは、行動自体大したことでなくてもいいのです。行動の中身ももちろん大切ですが、より大事なのはタイミングなのです。

「ちょうどそれが欲しかったんだよ！」という絶妙なタイミングでちょっとした言葉、行動を起こしてあげる。

その積み重ねが感謝を生み、やがて信頼へ形を変えていくのだと思うのです。

つまり上手に気をつかうというのは、その人のことをよく気にかけ、感情の変化に気づき、その時々必要なことを必要なタイミングにしてあげるということになります。

大事なのはこのタイミングで、タイミングさえよければやることは大したことではなくていいのです。

それは、本当に言葉をかけるだけでいいこともあります。

少し顔色が悪かったら、「大丈夫？ がんばりすぎてない？」とか、「コーヒーでも買ってこようか？」とか、そんな具合です。あるいは、せきをしていたらちょっとのど飴を渡すとか、眠そうだったらガムを渡すとか、それだけでいいでしょう。

過剰な気づかいは重荷になる

「気にかけてもらったことが嬉しい」、そんなときがあると思います。疲れているとき、イライラしているときなど、相手の感情に気を配るだけでいいのです。

私もよく、「なんか集中できないなぁ」と思っていると、上司が「コーヒーが飲みたいな。ちょっとスタバに行かない？」なんて声をかけてくれることもありました。

ほんの15分コーヒーを飲みに行き、他愛もない話をするだ

けですが、これが本当にいい気分転換になるのです。
　たぶん、私が疲れた顔をしていたのだと思います。

　信頼できる人というのは、そんなふうに他の人のことを気にかけてくれる、気配り上手なのです。
　でもこれが、「どうした、何か悩みでもあるの？　時間とって話そうか？」なんていう仰々しい感じになってしまうと、私も「いや、大丈夫です大丈夫です！」と言ってしまうと思います。
　過剰な気づかいは相手に余計な負担をかけ、お互いが気疲れしてしまうのです。

　普段の生活の中で大切なのは、何かを買ってあげるとか、食事をご馳走するとか、そんな大きな気づかいではありません。
　繰り返しますが、大事なのはタイミング。
　様々な小さな変化や違いに気づくことだと思います。
　そして、それを言葉や行動にしてあらわすこと。
　たとえば飲み会でグラスが空きそうになったら「何か飲みますか？」とサラッと聞くように、ちょっとした行動をつけ加えるだけでいいのです。

> 仰々しいことをしないから、さりげなく見える

「気がきく」と言われる人は、大げさなことはしない。
小さな行動が積もって「気がきく人」になる。

7 人やものにあたらない

　人の気持ちや考えを推し量るのが気づかいの原則ですが、人の迷惑になることをしてしまう人は、想像力が足りていないような気がします。

　たとえば、歩きタバコをしていたり、電車の中で大きな声で電話をしていたり・・・そんな大人の人をたまに見かけます。

　こういうのはルール以前の問題だと思うのですが、そんなつまらないことで自分の品位を落とすなんてもったいない話です。

　ただ、どんな人でも・・・たとえば普段温厚な上司も、仕事が忙しくなってくると余裕のなくなるときがあります。イライラして秘書にあたることもめずらしくないのです。

「この仕事はいったいどうなってるんだ!? どうにかしてくれ！」

　そんなときは、「では、そのお仕事は○○の部署の△△さんにお願いしましょうか？ 私では対応ができないことなので、ご指示をお願いします」と冷静に受け止めてあげたり、あるいは「お疲れなんですね、何かあったんですか？」と話しかけてみたりということもあります。

　そうすると、ハッと我に返って落ち着きを取り戻してくれるのです。

経験があると思いますが、**自分が怒ったったことに対して真摯に対応されると、「ああ、自分はなんて大人気ないことをしたんだろう・・・」と思わず反省させられますよね。**

　人生、いろいろなことがありますから、たまにはイライラ、むしゃくしゃするのも仕方がありません。
　でも、イライラしているから迷惑をかけていい、人にあたっていいという道理は通らないはずです。
　特に近い間柄にいる人、友人だったり恋人だったりパートナーだったり、そういう人が何かいつもと違う様子だと感じたなら、あなたが気にかけてあげてください。
　話を聞いてあげるだけでもいいでしょうし、何か自信をつけさせる言葉を投げかけてもいいかもしれません。
　そうすることで、逆にあなたがイライラしているときは誰かが気をきかせてくれると思います。持ちつ持たれつの、いい関係を目指したいものですね。

**イライラして、人やものにあたっていませんか？
あたられたとき、オトナの対応ができていますか？**

8 我を押しつけない

　この本では「信頼」という言葉を多く使っていますが、私は信頼こそが人間関係の基礎となるものだと思っています。
　職場、夫婦間、友人間・・・とにかく信頼がなければ、人間関係はうまくいきません。
　では、信頼関係はどのようにして築いていくのか？
　その方法は、人の心理を理解し、想像力を発揮することではないかと思います。
　あいさつをきちんとする、相手の人格を否定するようなネガティブなことを言わない、慣習やルールにのっとる。いろいろと具体的なアクションはあるかもしれませんが、根本の気持ちの部分がわかっていない人は、信頼を集められません。

目先の利益で人はなかなか動かない

　昔、部下をひんぱんに高級な食事に連れて行く上司がいました。本人としては部下との関係を築くためのものだったようなのですが、どれだけいいレストランに何人の部下を連れて行っても、効果的ではありませんでした。
　というのも、その上司は部下の話をまったく聞かず、自分の話したい話をするだけ。
　高級中華やフレンチ、働きはじめたばかりの新人だったら

「お誘いいただきありがとうございます!」ということになるかもしれませんが、それもだんだんと慣れてきてしまいます。

しかも、ただただ上司の話に耳を傾けるだけ。部下からすれば、時間と精神をすり減らすばかりで得るものがないのです。

本来、部下にとって嬉しいのは、仕事で自分のやりたいことをさせてもらったり、新しいことに挑戦させてもらったりということだと思います。

一緒に食事に行くにしても、そこに何か得るものがなければ、おごりであろうと嫌なこともあるでしょう。

お金は大切なものですが、それだけで人の気持ちをつなぎ、人間関係を築くには限界があります。

自分の気持ちや意見を一方的に押しつけるだけでは、コミュニケーションは成り立ちません。**本当のコミュニケーションがないと、人の気持ちはついてこないのです。**

気づかいとは、心づかい。言いかえれば、心のマナーです。

相手の気持ちを想像し、理解する。人の心と信頼関係を築いていくために、これを何よりも大切にしましょう。

気づかいとは心のマナー。
人の気持ちを理解することが何より大事。

⑨ 想像力で先読みする

　突然ですが、問題です。
　私は、外国人が上司になったとき、新幹線の席を取る際に気をつけていることがあります。それはいったい何でしょうか？

　・・・正解は、「必ず、富士山の見える窓側の座席を予約すること」でした。外国人ですと、やはり「マウントフジを見てみたい！」という方は多いのです。
　他にも、一昔前ならコンセントのついている座席は前と後ろしかなかったので、移動中もパソコンが使えるようにどちらかの席を必ずキープするとか、1席分ではなくゆったり使えるように2席分予約するとか、そんな具合です。
　些細なことですが、上司に「快適な旅」「効率的な旅」をしてもらいたいと思うと、このような配慮も大切になります。
　もっと日常レベルの話でいうと、私はいつもいろいろな種類のお茶や飴などを会社に常備しています。
　たとえば、誰かがせきをしていたらのど飴を！ 上司が忙しそうだったら上司の好きな梅昆布茶でリラックスを！ といったようにいろいろと段取りをしておくことも大切です。
　それが円滑なコミュニケーションを生み出し、みんなが働きやすい環境をつくることができるのです。

> 段取りしておけば素早い対応ができる

先読みができる人はトラブルシューティングをしている

では、ちょっと視点を変えてみましょう。

女性視点でいうと、やはり「段取り上手」な男性を素敵だと思う人は多いと思います。

たとえばドライブデートをする場合。

あらかじめドライブコースを決めてあるのはもちろん、食事する場所も行き当たりばったりではなく、ちょっと小粋なお店を予約しておいてくれたり、お店では座りやすい場所に座らせてくれたり・・・。なんていう細やかな準備と心配りのできる

男性は大人だなぁと感じてしまいます。

では、どうすればきめ細やかな準備や段取りができるのでしょうか?

私は、それは想像力ではないかと思います。

想像力とは、シチュエーションをイメージするということもあるでしょう。また、何よりも大事な相手の立場を思いやるという意味での想像力もあるはずです。

だから、**本当の意味で想像力のある人は、準備はしますが、決して自分の考えたことに執着しません。**たとえば、雨が降ったらドライブはやめて映画にしよう・・・渋滞していたらこの道じゃなくてあの道を・・・といった代案の用意やトラブルシューティングを行っているはずです。

いろいろな手段を事前に考え、用意しておき、計画どおりにいかなかったときでも即座に対応できるようにしている。

そういう人は仕事もできますし、プライベートでも信頼がおけると思います。

完璧主義に陥るのではなく、臨機応変にものごとに対応する。そんな先読み、段取りを意識してみてください。

**想像力を駆使して段取りをしておこう。
相手本意の姿勢で臨機応変に対応すること。**

⑩ 下心を持たない

　秘書に限らず、若い人とお話をしていると、**気をつかっているけどそれが伝わらない。空回りしてしまう。ということが結構あるようです。**

　たとえば、「合コンで一生懸命気をきかせたのに、相手にされない」。率先して料理の取り分けやドリンクやメニューの注文、明るい会話を心がけたのに・・・という話をしていた人がいました。

余計なお世話は迷惑になってしまう

　私の経験でいえば、以前、視察目的で上司と社員数名でハワイに行ったときのこと。当時の上司は外国人で、あとのスタッフはみんな日本人でした。

　夜になってビュッフェ形式の食事をとることになったのですが、ある男性社員が上司のためにありとあらゆるものを持ってきます。

　お肉、野菜、ご飯、フルーツ・・・その人としては最大限の気づかいだったと思うのですが、肝心の上司は「・・・ねぇミッキー（私の愛称）これ食べないといけないのかな・・・？」と、ちょっと迷惑がってすらいるのです。

　というのも、上司はその日体調があまり優れず、重たい食事

をあまりしたくなかったようでした。さらに、「ビュッフェスタイルなのだから自分で好きなものを選んで食べたい」という思いもあったようなのです。

　ただ上司も、「部下の厚意を無下にするわけにもいかない」と、結局もらったプレートを食べていました。

　その社員の方が一生懸命気をきかせたのはわかります。
　・・・ただ、気のきかせ方、方向性が違っていたのかもしれません。すると、せっかくの気づかいも「余計なお世話」や「いらぬお節介」になってしまうのです。

マニュアルに頼らない

　合コンの例にしろ、男性社員の例にしろ、気づかいが空回ってしまうのには、目的の置き方によるところが一番大きいと思います。
「相手に嫌われないようにしよう」「好かれよう」「親切だと思われよう」というような動機は、相手本意ではなく自分本位。
相手のことではなく、自分のことを考えてしまっているのかもしれません。
「この人に喜んでもらいたい！」という本心からではない気づかいには、なんとなくいやらしさ（したたかさ）が伝わってしまうのだと思います。

　いかにも日本人的な紋切り型の気づかい、本や雑誌などで得た「テクニック」。それこそ、「大勢での飲み会などでは、料理

は最初の1回だけ取り分ける」「最初の一杯は飲めなくてもビール」「名刺交換などでは相手の名前や会社名を復唱する」・・・これらは、もちろん大事なことだと思います。

しかし、**それ以上に大事なのは、その時々、相手の気持ちや場の空気です。**

ノウハウやテクニックは、それだけ覚えても意味がありません。通用するとき、通用する人もあるでしょうし、逆にまったく通用しない場合もあるのです。

だから、気づかいが空回ってしまうという人は、本当にその行為が必要だったのか、考えてみてください。

自分の行動に対して「ありがとう」の言葉でもほしいと思うことがいけないことだとは思いませんが、過剰に期待してはいけないと思います。

最初から結果を求めるのではなく、「やっていくうちに結果がついてくる」と、肩肘を張るのではなく、気楽に、自然に行う気づかいこそが、だんだんと感謝、好感を生んでいくのではないでしょうか。

**マニュアル通りでは伝わらないこともある。
対価を求めず、無理をしない。**

⑪ 言い訳・責任転嫁しない

　私が、人として大事だと思うスタンスの1つに、「人やものや環境に責任転嫁しない」というものがあります。これは基本中の基本だと思うのですが、中にはいい年齢になっても、「だって・・・」「○○があったから・・・」「××のせいで・・・」といったことを平然と言う人がいます。

　自分の責任を他人に押しつけてしまう。精神的に幼い10代の子たちがするのならまだしも、社会的な責任を背負った大人がそんなスタンスではいけないのではないでしょうか。

言い訳は100回のごめんなさいをなかったことにする

　人のせいにしてしまう。これは、自分を守るという目的以外の何ものでもありません。

　たとえば遅刻したときに、「電車が遅れました」というのもその1つだと思います。

　電車が遅れたにしろ、夜が遅かったにしろ、体調が悪いにしろ、遅れたは遅れた。それが事実なわけです。

　自分のしたことを素直に認められないというのは、幼い。反省していない。責任感がない。

　そんな印象を相手に与えてしまうはずです。

　口ではいくら「ごめんなさい」「すみません」「申し訳ござい

ません」という言葉が出ていても、たった一言、言い訳や責任転嫁するようなことを言ってしまえば、あなたの名誉は一気に傷つくことになります。

　本来なら注意程度で済んでいたことが、言い訳をした途端に大きな怒りを買う。それならまだしも、完全に呆れられてしまう・・・そんなことになったときにはもう遅すぎます。

自分を客観的に見てみよう

　やはり、信頼のおける人は謝るときには素直に謝ります。自分のミスに対して言い訳はしません。

　そして、素早く頭を切りかえて、どうしたらミスを挽回できるかに集中するので、失敗を引きずりません。

　あまりに理不尽で理不尽で・・・！　と怒りにふるえている場合を含め、言い返したり言い訳したりしたくなったときには、「自分を守るためではないよね？」と自問自答するようにしましょう。

　そして、自分のしたこと、自分自身を客観視する。

　それができているかどうかというのが「気がきく」ことに大きな影響を与えます。

　気持ちに余裕がないと自分のことばかりに目がいってしまいますし、そうなるとなかなか上手な気づかいはできません。

　いくつになっても怒られたくないものですが、いくつになっても子どものままではちょっと恥ずかしいかもしれません。今日からちょっと意識してみてください。

> 「つい出かかる一言」を寸前で止める

まず「ごめんなさい」

言い訳しちゃえ

自分自身を客観視する。
心に余裕が生まれれば、言い訳はなくなる。

第3章

臨機応変なコミュニケーションで敵をつくらない

12 誰にでもフェアに接する

　人間の世界というのは、たった1人で生きていくのはとても大変です。誰かと接していかないことには、生活はままならないと思います。
　しかし何より、自分以外の人たちとたくさん関わっていくことこそが人生の醍醐味のような気がします。
　そこでこの章では、人と協力しあい、信頼しあえる関係をつくるコミュニケーションと、そのために必要な気づかいについて述べていきます。

信頼を集めるフェアな人

　私のことを振り返って言えば、何においても公正であること。**「フェア」であることが、信用を得るために一番重要であると思います。**
　職場なら、相手が掃除のおばちゃんでも、後輩でも同僚でも、上司でも社長でも、同じような態度で接する。プライベートなら、マッサージ師の方でも、居酒屋の店員さんでも、友達でも、お付き合いしている人でも。
　その人によって多少話し方を変えたり話題を変えたりというのは、マナーとしておさえていますが、基本的なスタンスは変わりません。

いつもその人の立場を考えた言動をすること。そして、笑顔と元気を絶やさず、というのが１つの信条です。

反感を買うアンフェアな人

逆に、はたから見ていてあまり印象がよくないのは人によって態度を豹変させるような人です。

たとえば、目上の人にはゴマをすり、目下の人には威張り散らしたり。

そんな人には、「ムムっ、信用ならないなぁ・・・」と、少し身構えてしまいますよね。

<mark>横柄な態度や傲慢な態度をとったり、相手によって言動を変えたりというのは一番信頼を失う振る舞いだと思います。</mark>

しかし、実際にはそうして立ち居振舞う人も少なくありません。たとえば会社によっては「派遣社員」と「正社員」という労働スタイルの違いがあって、派遣社員の方が何かミスをすると、「だから派遣は・・・」というような態度をとる正社員の方も見かけます。

でも、その正社員がデータを使って資料を作ったり、上司や社外に向けてプレゼンしたりできるのも、派遣社員の方がデータを入力してくれているからだったりします。

あるいは、会社やデパートなどの施設の中にゴミがない、トイレがいつもきれいなのは掃除のおばちゃんたちがいつも掃除をしてくれているから。彼女たちがいなかったら、代わりに自

分がやるしかありません。

　たしかに担っている業務の違い、役割の違いはありますが、どちらの仕事も会社にとって欠かせないことに変わりなく、必要であるから、その仕事が存在しているのです。

記号でその人を見ない、付き合わない

　私は人を見るとき、必ずその人が誰か（役職・身分・立場）ではなく、その人が何をしているか、どんな人なのか、という視点で見ています。

　だからこそ、人に対して素直に感謝ができますし、尊敬を抱くことができます。

　なぜなら、人の肩書き、立場というのは状況により変わっていくものだからです。

　HONDAこと「本田技研工業」の創業者である本田宗一郎さんの言葉にこんなものがあります。

　社長なんて偉くも何ともない。
　部長、課長、包丁、盲腸と同じだ。
　要するに命令系統をはっきりさせる記号に過ぎない。

　その人をあらわす肩書きとは、ただの肩書きにすぎません。「〇〇会社の社員」「〇〇の妻（旦那）」などなど、そうした冠はそれ以上でも以下でもなく、ただの役割をあらわす記号、ステータスです。

前提として、その役割に求められる立ち居振る舞いをしなければいけませんが、人と人とのコミュニケーションとなってくれば話は別です。

「この人は〇〇の人だから付き合う」。「この人は△△の人だから付き合わない」。

結局、そうした視点で人間関係をつくっていってしまうと、つながりは薄いものになってしまうと思います。

そして、**記号でつながっていた関係はその記号がなくなった途端に切れてしまいます。**

たとえばあなたが大手の企業に勤めていたとして、たくさんの友達ができた。でも会社を辞めた途端、誰も声をかけてくれなくなった・・・。

それは、本当に悲しいことだと思います。

そうなるのは、みんながあなたのことを「〇〇社の××さん」として捉えられているからであり、人としての関係ができていなかったからです。

しかしこれが「大手企業に勤めている××さん」ではなく、「気がきく、信頼できる××さん」で覚えてもらえれば関係はいつまでも続くのではないでしょうか。

そのために大切なのが、フェアな姿勢です。

人をリスペクトし、人間として対等にお付き合いする。あるいはその姿勢、気持ちを見せること。

そうすることで、自分自身も肩書きや記号で見られることがなくなります。

> おばちゃんのおかげで、清潔なトイレがある

肩書き、記号、役割で人を判断しない。
大事なのは、人間的に尊敬できるかどうか。

13 人に興味を持つ

　フェアであることともう1つ、私が意識して心がけているのは、いろいろな人と関わりを持っていくということです。
　たくさんの人と付き合い、どんどん巻き込んでいく。
　すると、仕事でもプライベートでも自分の可能性が広がっていくように思います。

他人の情報を把握しておく必要がある理由

　秘書の仕事をしていると、自分の上司だけでなく、上司の下で働いている人たちのことも把握しておかないといけません。
　たとえば、上司が出張でいないときにトラブルが起きたり、自分には処理できない仕事が出てきたり。
　そんな不測の事態のときに、頼りになるのは普段上司の下で働いている方達です。
　その人が得意なことは何か、どういうスケジュールで仕事をしているか、いろいろと情報を知っておくと、いざというときとっさに対応ができたり、助けてもらうことができます。
　職業柄というのもありますが、私の場合、==同じ会社に勤める人であればだいたいその顔と名前、やっている仕事の内容や成果、性格などを把握するようにしてきました。==
　それはプライベートでも同じで、たとえば旅行の間に飼って

いる犬を見ておいてもらいたいとか、友達の結婚式で流す映像を作らないといけなくなったとか、ちょっとしたお願いごとをする相手がいると助かる・・・ということもあるでしょう。

そんなとき、友人やご近所とのお付き合いなど、きちんとした関係ができていると、何かあったときに助けてもらうことができます。

そんなこともあり、私がいつも心がけているのは「どんな人にも興味をもって接する」ということです。

前述してきた、「人のちょっとした変化に目がいくようになる」のも、その人のことを「尊敬」できるようになるのも、根本にはその人への興味、「その人のことを知りたい」というスタンスがあります。

人に興味があって、その人となりがわかるからこそ、その人の求める適切な対応ができるようになるのです。

本当の意味で気がきくようになるには、人に興味を持たないことにははじまりません。

逆に、自分だけに興味がある人は、他人を見るときもネガティブになりがちです。

「うわ、この人のここが嫌いなんだよなぁ・・・」なんて、考えている自分がいたら注意が必要です。

「この人とは合わない！」と決めつけて相手にかかるのと、「この人とは合わない部分もあるけど、この部分では意外と合うかも」という人のいい面を見ようとする姿勢で接するので

は、180度違ってきます。
　なるべく決めつけや固定概念はなくして、いつもニュートラルな気持ちと視点で人に接していくようにしましょう。

人との関わりを楽しむようにする

人のあらばかり探していませんか？
気持ちと視点をニュートラルにして接しよう。

14 自分と相手の立場と役割をわきまえる

　気がきくかどうか、空気が読めているかどうか。そのためには、自分の置かれた立場や担っている役割を認識することが大切です。

　これはよくない例なのですが、たとえば社長やエグゼクティブの秘書をしていると、「自分も社長と同じ権限を持っている」と、錯覚してしまう人がいます。

　そのため、他の社員の人に接するときの態度が横柄だったり、相手への配慮が足りなかったり・・・。

　残念ながら、そんなことをしてしまうと秘書業をしていくのに重要な会社の中でのコミュニケーションがうまくとれず、孤立していってしまいます。

　また、もっと身近なことでいうと服装もそうでしょう。

　かつて私の上司で「えっ、どこで買ったんですか、そのスリッパ!?」というくらい、あまりおしゃれではない履き物をお召しの方がいました。

　会社の偉い方なので、外部の目もあります。

「おいおい、あんなやつに重役を任せて、あの会社は大丈夫か？」なんて思われたら一大事です。

「お願いですからTPOに合わせた格好を・・・！」とお願い

をしたこともあります。

　というように、人それぞれ、置かれた立場や状況、役割をわきまえ、**TPO（Time「時間」、Place「場所」、Occasion「場合」）に合わせた立ち居振る舞い、身なりをしないといけない**こともあります。

TPOの意識とフェアに接することは違う

　こう言うと、「その人の肩書きではなく、人としてフェアに接しましょう」と、前述したことと矛盾するんじゃないか？と言われるかもしれません。

　しかし、TPOをわきまえることとフェアに接することはまた別の問題なのです。

　人にはそれぞれ役割があります。

　父親や母親としての役割、先生の役割、社会人の役割・・・そこにはそれぞれが負う責任があり、責任が大きくなればなるほど求められる器も大きくなります。

　ある種、その役柄を演じることも必要になってくるのです。

　たとえば、『釣りバカ日誌』という映画がありました。

　上司に教えてもらった釣りにはまってしまったハマちゃんが、ある日釣り場で出会った初老の男性・・・それが実はハマちゃんの勤める会社の社長のスーさんだった・・・！　という映画です。

　釣り好きが講じて2人は親睦を深めていくわけですが、だか

らといって会社でもその関係が通用するかといえば、そんなことはありません。
　なぜなら、周りの目があるからです。
　他の社員、会社の外の人たちはどう思うか？　そう考えると、**社長としての立ち居振る舞い、その下で働く社員の立ち居振る舞いがあります。**

　私も上司が疲れているように見えるとき、飛行機や新幹線の中など２人だけのときには上司をリラックスさせるために冗談をたくさん言うこともあります。雑談をしてふざけることもあります。
　しかし、それを公の場でやってしまったら秘書として失格なのです。それは、上司の威厳や品格を下げる可能性があるからです。
　恋人同士、２人きりでいるときや、雰囲気のある場所でなら仲良くしてもいいかもしれません。でも、電車の中のような公の場では度が過ぎると不快に思われます。
　飲み会で楽しくなって大騒ぎするのも、それが許されるお店でないといけません。**自分のしたことで、誰かに損害や迷惑が及ぶことはダメなのです。**
　自分が１人でも２人でも大人数でも、やはり相手ありきであることには変わりません。自分の置かれた状況、立場、役割を意識し、行動していきましょう。
　気がきく、きかない以前の、心得ておきたいマナーです。

臨機応変なコミュニケーションで敵をつくらない

> 親しき仲にも礼儀あり、立場と役割あり

かたっくるしいなぁ〜

おいおい…

社長

相手の立場に配慮した接し方ができていますか？
自分の役割を意識できていますか？

15 対面コミュニケーションを大切にする

「フェイストゥーフェイス」という言葉があります。きちんと会って、顔と顔をつき合わせたコミュニケーション、という意味です。

とても当たり前のことというか、それこそがコミュニケーションの根幹だと思うのですが、これが本当に大事なことだなぁと、今あらためて感じています。

日本は心の寂しい国だ

コンビニや飲食店で働く中国の人や韓国の人など、アジア系の人が増えてきましたが、それには理由があるそうです。

それは、アルバイトの面接に来る日本の10代・20代の人よりも、彼らのほうが活気があるというか、元気のいい感じがするからだといいます。

「日本人はどことなく目を合わせて話すのが苦手で挙動不審に見え、元気がない人が多い・・・」と知り合いの面接官が嘆いていました。

実は若者だけではなく、大人にもやっぱり同じようなところがあるようです。

海外の友人が「日本は世界で一番道を聞きづらい国だ

よ・・・」なんて言っていましたが、道を尋ねても無視して歩き去ってしまう人がいるし、「ノーノーノー」と拒絶されてしまうらしいのです。

そんな話を聞いていると、あるとき外国人の上司が私に言った「**日本は物には恵まれているけれど、心の面では一番寂しい国だ**」という言葉を思い出してしまいます。

たとえば、対面の会話だと全然しゃべらないのに、メールやブログでは饒舌・・・会社の中ではものすごく低姿勢なのに、会社を出た途端にものすごくマナーが悪くなる・・・道ですれ違うと、わざと肩をぶつけてくる・・・。

う〜ん・・・どうしてだろう、と頭を抱えてしまうことが多くなった気がします。

「だから日本はダメだ！」なんて自虐的な話をするつもりはないのですが、顔と顔をつき合わせたコミュニケーションをもっと大事にする。

そんな姿勢が必要なんじゃないかと思います。

目を合わせて話をしよう

たとえば、「目を合わせて話ができない」というのもその1つかもしれません。

私はよく人の目を見て話すのですが、「バッ」とそらす人や、うつむいて何かしゃべっている人・・・きちんと目を見てくれる人が少なくなってきているように感じます。

反対に私の場合、「見すぎ！」と言われることもたまにあ

り、「どうしたものか・・・」と思っていたのですが、以前、**人と目を合わせて話すコツは相手の「眉間」を見ること**だと伺いました。

　すると、目と目が合っているわけではないのですが、相手からすれば「顔を見てくれているなぁ」と感じるらしいのです。

　目を合わせるのが苦手な人にとっても直接目を見なくても済みます。

　相手にかかるプレッシャー、自分にかかるプレッシャー、どちらも軽減させることができるので、ストレスなく話すことができるはずです。

メールもあまりしすぎない

　あとは、あまりメールに頼り過ぎないというのも大事なことかもしれません。仕事でもよくあるのですが、「メールしといたじゃないですか！」と怒っている人がいます。

　要は、頼んだことを相手が忘れていたという話なのですが、はたから見ていると「デスク越しの人なんだから直接言えばよかったんじゃないかな・・・」と思ってしまうこともあります。

　メールよりも電話、電話よりも対面で。人と会うのを「ちょっと面倒だな」と思わず、話をして表情を見てのコミュニケーションを意識していきましょう。

　それが、人の気持ちを理解する手立てになると思います。

臨機応変なコミュニケーションで敵をつくらない

> 直接話さないと関係がギスギスしてくることもある

人の目を見て話す。メールに頼りすぎない。
直接のコミュニケーションは何よりも大事なこと。

16 本音で接する

　いい上司には本当にいくつも共通点があるのですが、最大の特徴はコミュニケーションが抜群に上手であるということがあげられます。

　コミュニケーションをとるのが上手な方が職場に赴任してきたとき、彼らはスタッフたちに所信表明をします。

「僕は今こういうビジョンで、こういうことをこの会社でしたいと思っています。それには、あなたたちの協力が必要です。一緒にがんばっていきましょう！」といったように、こちらを巻き込みながら、考えていることを詳細に伝えてくれるのです。

　もちろん、どんな人も所信表明のあいさつはするのですが、信頼される人のあいさつは自分のやるべきこと、考えていることがハッキリしていて、誰が見てもわかりやすいものになっています。

　これは、下で働く人間からすると本当に助かります。

「この人は何を考えているのかなぁ？」ということがわかるので、心を開いて本音で話ができ、仕事がしやすくなります。

　そして、「この人となら何かできるかもしれない・・・！」と期待を抱かせてくれますし、「よし、がんばろう！」という気持ちになります。

目先の利害関係にはとらわれない、いい人間関係をつくってくれるのです。
　そんな経験をしてきて感じたのは、人と関係をつくるときに必要なのは自分の考えをきちんと相手に伝えることではないかということです。
　自分の考え、というのは「本音」と言い換えることもできるでしょう。

得体の知れないものは怖い

　もちろん仕事だけの話ではなく、恋人、友人、誰にでも自分の考えや意見を伝えるべきだと思います。
　なぜならば、人間は「よくわからないもの」「得体の知れないもの」に対して不安になってしまうからです。
　言っていることとやっていることが違うとか、意思表示がハッキリしていないとか、そんなことではコミュニケーションが円滑に行えません。
「今何を考えていて、どういう価値観を持っているのか」ということを、言葉にしろ行動にしろ、形にしてきちんと示さないといけません。
　TPOをわきまえつつ、誰に対してもオープンな姿勢で、本音で接する。そうやって自分を変えていけば、環境も変わっていくはずです。
　これだけは、必ずやってほしいことだと思います。

> 手の内、心の内を明かさない人は信用できない

胸の内を、人にもわかるように伝えよう。
言動を一致させよう。

⑰ 好き嫌いを出さない

　人間、どうしても相性のよくない人はいます。会話がかみ合わないとか、性格が合わないとか、「合わないものは合わない」ということはどうしてもあるでしょう。

　ただ、それを表に出してしまう人はやっぱり信用できない気がしてしまいます。

　会社で役職につくような人でも、好き嫌いの激しい人はいます。お気に入りの部下とそうでない部下で態度が違うとか、女性にだけ甘いとか。

　でもそういう人は、だんだんとまわりの信頼を失っていくので、たとえば部長になったとしても、それ以上出世していく・・・というのは少ないようです。

　逆に、好き嫌いを絶対に出さない人、それこそ誰に対してでもフェアな上司は人から好かれます。フェアな人の下にいると、自分たちも公平な気持ちになるのかもしれません。

　不思議と職場の人間関係がよくなるのです。

　とは言え、どうしても苦手な人はいますよね。

　私がちょっと苦手なのは「あの人の顔は・・・」「洋服は・・・」「色が・・・」というようにしょっちゅう他の人を攻撃している人です。

そういうところを見てしまうと、「自分もかげで何か言われてるんだろうなぁ・・・」と、一歩引いてしまいます。

でも1日1回話す

ただ、そんな犬猿の仲とでもいうべき相手でも、私は1つだけ決めていることがあります。

それは「1日1回だけ話す」ということ。1日1回以上でも以下でもなく、1回だけです。

相手に自分から声をかけ、長話にならない程度に世間話をします。私としては、「あなたには敵意はありませんよ」というサインを出しているつもりです。

別に回数はどうでもいいのですが、変に仲良くなる必要はなく、かといってまったく話をしないのも溝を深めるだけだと思って1回に決めました。

苦手な人がいるんだけど・・・という場合は、ちょっとマネしてやってみてほしいと思います。

特に仕事の場合、関わらないわけにはいかないことが多いので、なかなか有効な方法ではないでしょうか。

ただ注意してほしいのは、**好き嫌いを出さないことと八方美人になることは違います。**誰にでも好かれようとすると、必ず無理が出てきます。ですから、みんなにいい人、親切である必要はまったくありません。

ひとまず「あの人は嫌な人。合わない人」という固定概念を

外してみて、できるだけ（できるだけでいいので）まっさらな気持ちで、自分らしく接してみてください。
　くれぐれもその人の悪口を他の人にすることのないように。

犬猿の仲でも溝を深めない

苦手な人とも、1日1回だけでいいから話してみる。
でも、八方美人にはならないように。

⑱ 必ず「おはよう」と言う

「気がきく」「気がきかない」以前に、人として最低限身につけておきたいことがあります。

殺伐としていたあいさつのない職場

いい上司は気さくにあいさつをしてくれるという話をしましたが、まずは「あいさつ」です。

これは本当に人類普遍のトピック。

コミュニケーションのはじまりは「あいさつ」ですから、おさえておかなければならない初歩ですよね。

しかし最近、そのあいさつがいかに大事かということを実感しています。

というのも、私はかつてまったくあいさつのない職場にいたことがありました。どんな職場でも（職場でなく家庭などでも）、誰かに会えば「おはよう」と声をかけるのが当然であると、私は信じて生きてきました。

しかしその職場では・・・

私「おはようございます！」
スタッフの人たち「・・・」

誰からも返事がありません。
あれ？ 聞こえてなかったかな？ と思い、「おはようございます！」とテンションを上げて言い直してみたものの、やっぱり返事がない。
「・・・えっ!?」。
本当に衝撃的でした。

もう、そのときの私の気分は「最悪！」というよりも、「がく然とした」という思いの方が強かったのを今でも鮮烈に覚えています。

　勤めていくうちにだんだんわかりましたが、つまり、その会社では「おはよう」と声をかけあう習慣がなかったのです。それどころか、基本的なあいさつがあまり交わされていない。

　本当に小さなことですが、朝一番の「おはよう」は、「お互い今日も元気に、仲良くやっていきましょう！」という心の交流・サインだと私は思っています。

　その職場での最初の数日、こんなに重たい朝があっていいのか・・・というくらいモチベーションが下がりました。

　おはよう以外にも「こんにちは」とか「お疲れさまです」とかありますが、その職場でのあいさつは、基本的に声は小さいし表情も硬いし・・・。

　本来あいさつとは、

「こんにちは」（今日もよろしくお願いします！）
「いただきます」（美味しい食事に感謝します！）
「行ってきます」（がんばってきます！）
「ただいま」（がんばってきました！）
「ありがとう」（あなたに感謝しています！）
「お疲れさまです」（先に帰りますが、また明日もよろしくお願いします！）

「おやすみなさい」(今日もいい一日でした。ありがとうございました!)

　折々で交わすこうしたあいさつは、元気よく声に出すことで何となく気持ちも晴れやかになりますし、気分がよくなります。
　このことを何としてでも感じてもらいたいと、私はその出来事を機会に1人で「朝のあいさつ運動」をはじめましたが、あいさつがあることで職場の雰囲気が明るくなり、職場の人間関係もみるみるうちに改善されていきました。
　笑顔とあいさつは人間だからできるコミュニケーションです。家の中でも、友人とでも、言うべきときに気持ちよくあいさつをする。
　いつでも元気でポジティブ、ニコニコ笑顔のたえない人。
　そんな人には、つい気を許してしまいたくなりませんか?

**今日、誰かに「おはよう」と言いましたか?
あいさつしているときの表情は、笑顔ですか?**

19 聞くときはじっと聞く

　どうしたらユーモアのあるおもしろい話ができるのか？ 品のある話し方はどうすればできるのか？ 落ち着きのある感じを出すにはどうすれば？・・・などなど、話し方で困っている人は本当にたくさんいるようです。
　そんな、**「話すのがあまり得意でない」という人には、まずは聞き方を意識してほしいと思います。**
　というのも、会話というのは上手な聞き手がいるだけで成り立つものだからです。
　大事なのは、相手に「話してよかった！」「自分は大切にされているんだな」という感覚を与えてあげること。
　だから、「どうも気のきいた話し方ってわからないんだよなぁ・・・」という人は「相手の話を聞く」ことを意識してみてください。

相談を受けたら聞くに徹する

　以前、後輩の悩み相談を受けたことがありました。
　会社や仕事のこと、人間関係についてなど、いろんなことを話してくれるのですが、どうも要領を得ません。要領を得ないというのは、何を言いたいのかいまいちわからない。本人の意思や気持ちが見えてこないのです。

そんなときも、私はとにかく聞くことに徹します。

割合でいえば9対1くらいの感覚で、相手に話してもらって、自分はただ耳を傾けます。

それには理由があって、いくら私が「こうした方がいいんじゃない？」と言っても相手の解決にはならないからです。

悩み相談などを受けると、ついつい自分の経験で「そういうときはこうしなさい」と言ってしまいそうになります。

でもそれでは、相手は釈然としないものです。「言ってることはわかってる・・・」でも、腑に落ちない。本心から理解しているわけではないので行動に移せないのです。

「恋人とうまくいってない」→「じゃあ1回話してみたら？」
「仕事にやりがいがない」→「その意識を変えてみたら？」

そうしてアドバイスすることはできますが、**相手が求めているのは解決策ではありません。自分の抱えている気持ちに共感してほしいのだと思います。**

そこで、後輩の話をひと通り聞き、なんとなくピンときた私は「会社、辞めたいの？」と投げかけてみました。

すると彼女はハッとした表情で「はい、そうなのかもしれません。でも、今は事情があって辞められなくて・・・」と答えてくれました。

それが、後輩の本当の気持ちだったようなのです。

「そうかぁ、じゃあ仕事は続けながらストレスを抱えないよう

にしないといけないんだよね？ 解決になるかわからないけど、考えてるだけじゃ仕方ないし、明日1時間だけ早く起きて、人材紹介の会社にメールしてみたら？」

そうしてその日の話は終わりました。

次の日、彼女は本当に人材紹介会社に連絡を入れたそうです。しかし、これを話半分で聞いて、中途半端なアドバイスをしたところでたぶん彼女は行動に移せなかったと思います。

次の日、別の人に同じように話をしていたかもしれません。

気持ちに耳を傾ける

遠回りになりましたが、**会話がうまくいかないというのは、話し手が本当に伝えたいことを聞き手側が聞こうとしていないからかもしれません。**

何を話そう・・・ということに頭がいっぱいになると、やっぱり上手には話せません。

しかし、別におもしろい話をしなくても、品のある話し方をしなくても、好感を得る方法はあると思います。

つまり、**相手としっかりと向き合い、伝えたいことは何だろうかと考えてみること。** そうすれば、無理に頭をひねらなくても自然とこちらから聞きたいことが出てくるはずです。

ユーモアのある人も品のある人も、「あの人の話し方いいなぁ」と思う人というのは、自然とそういうことができている人なのではないでしょうか。

まずは、相手の秘めている気持ちに共感し、相手の本音に耳

を傾ける。そんなふうに意識してみてください。

> 9割聞いて、自分の意見は1割で

何を話そうか、そればかり考えていませんか？
聞いたふりではなく、本音を聞くこと。

20 新しい環境では キーパーソンを見つける

　本書のはじめにも少し触れましたが、秘書は上司が変わると働き方が変わります。上司次第で働く環境がガラッと変わってしまうのです。

　また、それに加えて私は何度か転職をしてきましたので、「新しい環境になじむ」ということに関してはある程度のコツがあると感じています。

　これは、転職や引越、新しいコミュニティへの参加などなど、いくらでも応用がきくのではないでしょうか。

キーパーソンを把握する

　わかりやすいと思うので、まずは転職したときの例で考えてみます（新しいバイト先・・・というイメージでもまったく問題ありません）。

　職場を移したときはまず、「気に入られるにはどうすれば？」ということを頭から切り離してしまいましょう。

　大切なのはキーパーソンを見つけて、仲良くなってしまうことです。キーパーソンというのは、その職場の雰囲気を何となく先導している人。

　"お局"とか"リーダー"とか、そんな立場の人や、それくらいの強い影響力を持っている人のことです。

最初に、その人をリスペクトしましょう。
「この人をリスペクトする！」と思い込んでください。
　無理かも、と思ったら、「この人は私の好きだったおばあちゃん（おじいちゃんなど）・・・！」と、誰かを投影してみてください。
　まじめにリスペクトしようと思うのがポイントです。
　そして、その気持ちを行動で示してしまうのが一番手っ取り早いと思います。
　引っ越したときに大家さんに何か手土産を渡すことがあるでしょうが、それと同じ要領で、何かちょっとしたものをプレゼントしましょう。
　手土産などの選び方については後述しますが、しゃれた石鹸のような小粋なもの、でも仰々しすぎないものがいいと思います。
　何か親切を受けたあとではなく、してもらう前に気持ちを形にしてあらわす、というのがここでの大事なところです。

キーパーソンの見つけ方

　では、キーパーソンはどのようにして見つければいいのでしょうか？
　それにはある程度職場の空気感を観察してみることが大切です。たとえば、職場の人なら「みんな困ったことがあるといつもあの人に相談してるなぁ・・・」という信頼感のありそうな人はだいたいキーパーソンになります。

注意することは、必要以上に目立たないこと。**職場に入って最初の時期というのは、目立とうとしなくても目立ちます。**
　どんな人なのか気になるので、みんな見ていないようでしっかり見ているのです。
　だから、そのことをまずは意識してください。
　すると、やるべきなのはまわりに合わせること。**行動、服装、働く時間など、その環境になじもうとすることです。**
　その姿勢を続けていると「あの人はよくがんばってるなぁ」と、温かいまなざしで見守ってくれることでしょう。
　仕事の場合は、基本的に3ヶ月〜半年くらいは角が立たないよう、周りの人に歩調をあわせるようにするのがいいと思います。
　そしてだんだんと慣れ、なじむことができたら「こんなのはどうですか？」という感じで他の人を巻き込むように接していく・・・というのが私流のテクニックです。

　それぞれのコミュニティには独特の文化や風習があるので、合わせること自体が結構つらいものだと思いますが、最初は仕方ありません。
　観察しているうちに影響力のある人がわかってきます。
　もちろんキーパーソンは1人ではないでしょうから、いろいろな人と話して仲良くしてもらうのがいち早く環境に慣れる方法です。

臨機応変なコミュニケーションで敵をつくらない

> まずはキーパーソンを発見する

なじむためには、なじむための**努力**。
こびは売らず、しかし**リスペクト**を。

21 人を迎えるときには食事をする

　前項では、あなたが新しい環境に入ったときの話をしました。

　では、あなたがその職場やコミュニティの中で新しい人を迎えるとき、相手と上手にコミュニケーションをとっていくにはどうすればいいでしょうか？

　相手にうまくなじんでもらって、お互いコミュニケーションをとりやすくする方法。それもやっぱり基本は同じで、相手に興味を持って接することが第一です。

新しく赴任してきた上司の2つの質問

　ある上司が赴任してきたときのことです。

　開口一番、私に伝えたことが「これから3ヶ月間で、とにかくいろんな人に会いたい。とりあえず今週はこの人とこの人と会うから、ランチやディナーをセッティングしといてもらっていいかな？」

　と、そんな指令を受けたのです。

　そして、飲んで食べての3ヶ月がはじまりました。週2～3回はその上司と、誰かを交えてのランチかディナー。

　そして、上司は毎回、必ず同じことを聞きます。

- 「今まで、どんなことをどれくらいやってきたの？」
- 「趣味は何？」

　その意図がわからず、私は「毎日毎日、この人は何してるんだろう・・・？　きっとお酒が好きなのね。ワインが飲めてラッキー！」と、能天気な気分でいました。

　そうして楽しい３ヶ月が過ぎていったのですが、気づくと、上司は会社の中にいるひと通りのキーパーソンと食事やお酒をともにしていたのです。

　対面でのコミュニケーションが大事だという話もしましたが、やはり一度、１時間でも２時間でもきちんとコミュニケーションをとっているだけで、仕事での連携がスムーズになっていきました。

　というのも、上司が来て半年くらいは意志の疎通がうまくとれないことがあり、秘書がその対応にまわる・・・ということもつきものなのですが、そうしたことがほとんどありませんでした。

　３ヶ月経過した後も、ふらふらと出かけていってはいろいろな人とコミュニケーションをとっていました。

２つの質問の意味

　今振り返ってみると、必ずしていた２つの質問にも意味があったのです。

　「今まで、どんなことをどれくらいやってきたの？」という質

問では、相手の得意としていることや、これまでの仕事がどんなものだったのか把握ができます。
　また、「趣味は何？」という質問をして、その人の好きなこと、考え方などでその人のキャラクターを何となく知ることにより、コミュニケーションを円滑にしていました。
　その上で仕事の指示の出し方であるとか、コミュニケーションの取り方を微妙に変え、仕事をやりやすく、スムーズに展開していったのです。

「飲みニケーション」という言葉は何となく体育会系なノリがするので苦手な人もいるかもしれませんが、食事やお酒が人のコミュニケーションを円滑にするというのは真実だと思います。
　お酒が飲めない人や、苦手な人ならランチで一緒にコミュニケーションを。お酒が好きな人なら一緒に好きなものを飲んだり食べたりしながら。食事をともにすることで親近感がわき、人間関係が深まっていくのだと思います。

**相手のことを知る、自分のことを知ってもらう。
そのためには一緒に食事をするのが一番。**

22 気難しい人とは感情で付き合わない

　コミュニケーションで悩むのは、気難しい人との付き合い方です。

　上司には尊敬できる人がたくさんいますが、気難しい人もいるのが実際のところです。

　何より問題なのは、「気難しい」と思われている人は、だいたいそのことに気づいていない場合が多いところでしょう。

　そこで、ここでは気難しい人の代表の2パターンを用意しました。身近なあの人を想像しながら、参考にしていただければ幸いです。

プライドが高い人

　世間で「気難しい」と言われている人の多くを占めるのはこのタイプのような気がします。

　自尊心が高いので人にあれこれ言われると機嫌を損ねてしまう人・・・これは、男性も女性も関係なくいらっしゃいます。

　そういう人に対しては、「自分はこれができない」というところをオープンにすると付き合いやすくなるはずです。

　特に、**相手の得意な部分に対して、「自分はこれ苦手なんです」とお腹を見せてしまいます。**

すると気をよくして、次から次へといろんなことを教えてくれるようになるでしょう。
　ただ、直接「教えてください」と言ってしまうと、「何か裏があるんじゃないか？」とか、まわりからも「取り入ってるなぁ・・・」とか思われるのもなんでしょうから、「教えてください」と言うのはやめておくのが無難です。
　その人のことで純粋に「すごい」と思える部分に対して、「それ苦手なんですよねぇ」なんていう感じに接するのがベストな方法だと思います。

感情の起伏が激しい人

　これは女性に多いのかもしれませんが、気分によって対応があからさまに変わるタイプの人です。
　こういう人とは、私ならまず一定の距離をとります。
　なぜなら、その人の感情に付き合ってしまうと自分もヘトヘトになってしまうからです。
　だから、「この人はこういう人なんだなぁ・・・」と感情をいれずに、見守るような感覚で接するのがいいでしょう。
　自分がオトナになったような感覚でいると、子どもをあやすような感覚で付き合えるかもしれません。
　とにもかくにも、その人がどれだけ怒っていようと落ち込んでいようと、「感情と付き合わない」というのがもっとも大事なポイントだと思います。

自分がオトナになり、サラッと対応

プライドの高い人にはお腹を見せる。
起伏の激しい人の感情には付き合わない。

コラム　お酒はワインがいい?

　本文でもふれたように、私はワインが好きなのですが、ワインは人と人とをすぐにつないでくれるお酒だと思います。

　たまに、世のワイン好きが集まる「ワイン会」というものに参加するのですが、そこにはダンディーなおじさまからギャル風の女の子、お医者さんまで、老若男女様々な人がいます。

　普段はまったく接点のないような人たちも、たった2時間のワイン会でものすごく仲良くなれるのです。
「このワインはフランスのどこどこの地方の・・・」なんて、うんちくにも花が咲きます。それを若い子が「なるほどなるほど」と真剣に聞いていたりする光景はなかなか微笑ましいものがあります。

　ちょっときざっぽい感じもしますが、ワインは人を饒舌にさせるお酒だと言われています。

　オープンにいろいろな話ができるので、初対面には打ってつけのお酒かもしれません。

　ちなみに、あくまでも目安程度の話ですが、お酒は種類によって酔い方が変わってくるといいます。

　たとえば、ウィスキーは身の上話をするように。日本酒は警戒心がなくなり、よくも悪くも本性があらわれる。焼酎では声が大きく豪快に・・・。

　嘘かまことかわかりませんが、何にしても、お酒とは上手に付き合いたいものです。楽しく飲んで交友を深めたいですね。

第4章

細やかな配慮で
やる気を引き出す

23 マネジメントをしても コントロールはしない

　これまでいろいろな上司に出会い、それぞれの仕事の仕方を見てきました。そしてあるとき、いい上司に共通する「いい接し方」と、悪い上司に共通する「悪い接し方」があることに気がついたのです。

　ではどんな接し方がいい接し方かといえば、**人のモチベーションをしっかりと高め、上手に人を使うような方法なのです。**

　そこでこの4章では、私の見てきた上司などを引き合いに出しつつ、「人にモチベーションを高めてもらうにはどんなコミュニケーションをとるべきか？」について考えていきます。

　会社で働いている人にとっては、部下や後輩を持ったときに必要なこと。プライベートでいえば、子どもを育てるときや友人、家族との接し方に通じてくるのではと思います。

　ここではそのイントロダクションとして、いい上司と悪い上司、その違いについて少し説明していきます。

いい接し方はマネジメント、悪い接し方はコントロール

　まず端的に、「いい接し方」を一言で置きかえると「マネジメント」です。マネジメントとは、日本語では「管理」と訳されます。たとえば人に何かお願い事を頼んでやってもらうことも、自分の身体を健康に保つのもマネジメントです。

いい上司は本当にこれが上手で、自分のやりたいことに向けて人やものを動かし、その間に多くの人の信頼や感謝を集めてしまいます。秘書を上手に使えるのもマネジメントのできる上司です。

　一方、私の中でマネジメントと対義語になっているのが「コントロール」という言葉です。コントロールとは、日本語でいえば「支配」といったニュアンス。悪い上司は、人や組織に対してこれをやっていることが多い気がします。

　たとえば、自分の働き方のスタイルを他の社員に強要するのも1つのコントロールです。「毎朝8時に出社！」「夜は上司が帰るまで帰ってはいけない！」といったように、人の選択肢を奪ってしまう人・・・まわりに有無を言わせず引っ張っていく力があるのですが、**やり方が強引なので、だんだんとみんなが疲れてしまい、やる気がなくなっていきます。**

　ひどい場合だと、会社の中が恐怖政治のようになってしまって、その下で働く人たちは「上司にいかに気に入ってもらうか」、「ポイントを稼ぐか」、「評価を落とさないか」、ということばかりに執着してしまうようになってしまうのです。

　すると、会社の中の人間関係がギスギスしはじめ、お互い気をきかせることなんてまったくできなくなってしまいます。

　まわりがみんな敵・・・実際、そういう職場に出会ったこともありますが、そんな会社の働きづらさといったらありません。

人を信頼しているか、していないか

　私の個人的な意見ですが、マネジメントができる人とコントロールをしてしまう人、その違いは、やはり基本的に人を信頼しているかどうかなのだと思います。

　というのも、いい上司は人にどんどん仕事を任せます。

　そして小さなことは気にせず、大事なところだけ見ている。人に任せてしまうわけですから、自分は自分のやるべきことだけに集中して、さっと仕事を終え定時に帰ってしまいます。

　でもそれは押しつけるということではなく、むしろ部下の方から率先して仕事を取りにくるのです。だから、上司も家族との時間や自分の時間をきちんと持てるようになります。

　一方、悪い上司は何でもかんでも自分でやらないと気が済まず、小さなことばかり気にする傾向があります。そのため、どんどん仕事を抱え込んでしまい、忙しくなる。

　自分が忙しくなるから、人にもそれを強要する。結果的に会社の中が慌しくなってコミュニケーションが減っていく・・・という悪循環です。

人のことを信頼できないと、人の失敗を認められません。

　些細なことで怒り、自分の思うとおりにならないと腹が立ってくる・・・そしてその下で働く人のモチベーションをどんどん下げていってしまうのです。

　逆の立場で考えるとわかりますが、人に何かを任せられるというのは嬉しいはずです。「認められた！」という気持ちが生

まれ、それがモチベーションになってより努力ができる。

　反対に「認められていない」という意識が生まれてくると、やる気がなくなったり、消極的になったり、方向を見失ってしまいます。

「人を信頼すること」。これは、どんなことにも通じる話だと思います。やはり、相手を信頼することなくして人の信頼を得るのは難しいのです。

　たとえばいい上司では、人の悪いところではなく、**いいところを積極的に見て、その人のいいところを本人やまわりの人にきちんと伝えます。**すると、そうされた人のモチベーションはどんどん上がります。これがいい上司の、信頼される「マネジメント」です。

　みんなの前でその人の悪いところやミスを注意したり怒ったり、陰口をたたいたり・・・そんなことは絶対にしません。

　ちなみに、マネジメントできている上司はどんどん出世します。一方、コントロールをする上司はあまり出世しない・・・というのが私の見てきたところです。

　またおもしろいもので、いい上司の下で働いている人は、やはり将来いい先輩やいい上司になることが多くなります。

　人は人を見て学ぶもの。部下、後輩、子ども、妻、夫、友人、家族・・・あなたと一緒にいる人は、あなたのことを見ているのです。このことを忘れず、人に対して接していきたいですね。

> コントロール、しようとしていませんか？

コントロール
ガミガミ

マネジメント
頼んだよ
はいっ！

人のことを信頼すること。
その上で、モチベーションを高めようとすること。

24 絶対に「ダメ」と言わない

　前述したマネジメントとコントロール、なじみのない人にはちょっとイメージがわかないかもしれないので、同じような例を出してみたいと思います。
　私は日本の大学を卒業して、2年間の社会人経験をしましたが、その後再びオーストラリアに留学することになりました。オーストラリアでは大学院で勉強すると同時に現地の小学校で日本語を教えていたのですが、そこでの出来事です。

壁の大きな落書き

　ある日、1人の生徒（仮にクリス君）が教室の壁にものすごく大きな落書きをしてしまいました。
　ところがその教室の先生は、「何やってるの!? 教室にこんなもの描いたらダメでしょう、さっさと消しなさい！」とは絶対に言いませんでした。
　それどころか、
「あら、クリスが描いたの？ とてもいい絵ね。先生にも描いてよ！ あ、そうだ！ **ここに紙があるから、絵を描いて、クリスのサインもつけてみんなに配ってみたら？**」
　そのときのクリス君の得意げな顔といったらありません。
　そして、まわりの友達もクリス君に習って紙に絵を描き、サ

インをつけて、お互いに配りあうようになったのです。

　先生はここでようやく、「あ、そうだクリス。みんなクリスの絵をもらったから壁の絵はもうなくても大丈夫だよね。いつでもいいから、時間のあるときに消しといてもらえる？」と、絵を消すように指示を出しました（でも、決して「いつまでにやりなさい」とは言いません）。

　あとで詳しく聞くと、クリス君の家では両親がうまくいっていなかったらしく、離婚調停中だったというのです。落書きも、その影響が出たのかもしれません。

　ここでもしも怒られていたら、本来絵を描くのが好きだったクリス君が絵を描くのが大嫌いになり、本当に「どん底」にいるような気持ちになってしまったかもしれなかったのです。

　ちなみに落書きは、クリス君自ら、その日のうちにきれいに消しました。

命令、否定は才能をつぶす

「あれをしなさい」「これをしてはダメ」。

　命令というのは、何かを強制されているイメージを与えてしまいます。すると、反発したくなってきたり、反発する気もなくなって「やらされ感」たっぷりでものごとをこなすようになったり・・・。

　すると、仕事にしても生活にしても、何の創造性もなくなってしまうのです。「何か新しいことをやろう」とか、「こういうことがしてみたい」とか、そんな好奇心をそぐことになり、

「指示待ち人間」になったり、「間違いをしないこと」だけに神経を注いだりしてしまうのではないでしょうか。

　この例のように子どもの場合は特にそうで、あれこれ強制ばかりされていると、大人の言うことを気にする神経質な子になってしまったり、そのプレッシャーに耐え切れなくなったら不良になってしまったりするのだと思います。

　端的に言えば、これが「コントロール」。悪い接し方です。

　時にはガツンと注意しないといけないこともありますが、人は褒められて伸びるものだと思います。怒られ続けて伸びる人はなかなかいません。

　だから、人と接するときはなるべく相手の得意なところを中心に聞いたり、褒めたりして、相手が長所を活かせるようにしてあげる。これがいい接し方、「マネジメント」の根本だと思うのです。

　人の才能をつぶしてしまうようなことは絶対にせず、長所を素直に認めてあげられる、そんな人間になりたいものです。

「ダメ！」からモチベーションは生まれない。
人のいいところ、素直に褒められますか？

25 意見を聞く、考えを聞く

 自分の考えや本音を人に伝えるのが大事だという話をしました。人は、そうしてはじめて心を開こうと思うようになるからです。
 ですが、人と接していく中では、もちろん自分が人の話や意見を聞いてあげるということも必要になってきます。
 たとえば、目上の人などの意見を聞く、もしくは意見を尋ねる場面。あるいは友人の相談ごと、目下の人などの考えていることを「聞いてあげる」場面。
 どんなシチュエーションにしても、「これ、どう思う?」「そうかぁ、そうなんだね」といったように、聞くことはコミュニケーションに欠かせない大事なポイントです。
 これがあるのとないのとではあなたに対する信頼は大きく変わってきてしまいます。

嫁姑問題も「聞く」で解決

 よく「嫁姑問題」というのがありますが、これは私の友人(Aさん)から聞いた話です。
 とある年末、新婚のAさんが奥さんを連れて両親のいる実家に帰省したそうです。
 独身時代、Aさんの家では家族と一緒に初詣に行くのが恒例

の行事になっていたそうなのですが、そのときは奥さんが緊張してどうにも落ち着かない様子だったそうです。

　そこで、ご両親も気をきかせて「２人で楽しんできなさい」と、結局その年は２人きりで初詣に行ったといいます。

　ただ、家族の間で長年続けてきたイベントですから、ご両親の本音としては「４人で一緒に行きたかったなぁ」と思っていたに違いありません。

　奥さんの「居心地があまりよくない」という気持ちもわかりますが、本来、こういったときこそ家族のいい関係を築くチャンスだと思います。

　この場合で言えば、「４人で初詣に行く」という雰囲気を奥さんからつくることができたのではないでしょうか。

　たとえば「２人で楽しんできなさい」と言われたときも、「お言葉に甘えて」ではなく、「一緒に行きませんか？」と声をかけるだけで印象は変わります。

　あるいは家の中で過ごしているときも「何かお手伝いできることはありますか？」と尋ねたり、会話の中でもご両親にいろいろと質問ができたでしょう。

　この「聞く」姿勢が、聞かれた側に「歩み寄ってくれているなぁ」という安心感を生むのです。

　そうすれば、お互いの緊張や遠慮がちな雰囲気が解けたでしょうし、「４人で初詣に行く」という空気もつくれたと思います。

こうしたコミュニケーションの有無が大きな確執を生む場合も、いい雰囲気をつくることもあるのです。
　嫁姑問題を中心とした家族の問題は、こうした小さなポイントを気にかけ、ケアしていくことが大切でしょう。

聞くことで接し方がわかってくる

　また、聞くにはもう1つ、「人が話していることをじっくり聞いてあげる」、という意味合いもあると言いました。
　職場の後輩だったり部下だったり、家では子育て、友人の悩みなどを聞くときも一緒でしょう。
　話を聞く、考えを聞く、そうしてその人の価値観を理解できれば、適切なアプローチの仕方がわかってくるはずです。
　たとえば仕事で「これはこうやってやりなさい！」では、言われた方はだんだんと反発心がわいてきてしまいます。
　あるいは子どもに「何でこうできないの!?」と怒ってばかりでは、自己主張のできない子になってしまうかもしれません。
　嫁姑問題を例に出せば、母親が義理の娘に「これはこうするものなのよ」ではなく、「うちではこうするんだけど、あなたのところは違うの？」といったような聞き方をすれば角も立ちません。
　やはり、相手のことを配慮していない態度、姿勢が一番関係を悪くしてしまいます。
　どんなときも人の意見を求め、人の話をじっくり聞ける人になりましょう。

細やかな配慮でやる気を引き出す

> ふとしたときの質問が印象を変える

気をつかうべき相手ほど、伺いを立てる。
気心の知れた仲でも、聞くことを忘れない。

26 Give & Take はしない

　人間関係は「Give & Take」だといいますが、私は人間関係で大切なのは「Contribute（貢献する）」の意識だと思います。
　そもそも「Give & Take」とは、「与え、与えられ」の関係。「あげて、返してもらって」という感じの言葉です。
　意地悪く言うと「私がこれをしてあげたんだから、あなたもしてちょうだいよ」と、どんな人付き合いの間でも「見返り」がないといけないような気がします。
「Give & Takeだよね」という言葉は耳ざわりはいいのですが、なんとなく利害関係が発生してしまいます。
　仕事なら、ある程度仕方のない面もあるかもしれません。
　しかし、人と人との付き合い方としてこういう考え方を持ち込んでしまうのは少し寂しい気がします。

その人に何かしてあげたいからする

　本当の意味でフェアな関係というのは、何をしたから何をもらえるということではなく、「その人にしてあげたいから何かをする」ということではないでしょうか。
　その気持ちが、「Contribute」だと私は思っています。
　だから、人にあげるのは物質的なものでなくてもいいのです。

それは何気ない会話、立ち居振る舞いなど。

たとえばその場の雰囲気をよくすること（「おはよう！」とか「お疲れさまです！」とか）であったり、ものを渡すときに両手を添えることであったり、そんな小さなアクションも「Contribute」だと思います。

「まぁ、別に返ってこなくてもいいよね」のスタンス

人間というのは支えあいです。

支えあいの循環の中で生きているということは、私がAさんにしたことは、Aさんからは返ってこないかもしれない。でも、**別のBさんやCさんから返ってくることもあるのではないでしょうか。**

そう考えると、別に「してあげたことが返ってこないからもう人に気をつかうのはやめた！」とはならないですよね。

仕事、生活、恋愛、育児、いろいろありますが、どれも人生の一部です。

大げさな言い方かもしれませんが、私はどれか一部だけということではなくて、その人の人生の"豊かさ"に対してContributeしたいと思っています。

「～してくれるのは当然でしょ？」という態度は、嫌な感じがしませんか？

必死にならないでいい

　ただ、注意しなくてはいけないのは「何が何でも貢献しなければ！」というような悲壮感はいらない、ということです。

　たとえば「会社に貢献します！」「彼や彼女に貢献します！」というように、何事にも全力を出してしまう人もいるかと思います。

　しかし、そういうのはむしろ逆効果で、その仰々しさや意気込みは空回りする原因にもなります。

そして、空回ったときにドッと疲れてしまうわけです。

　だから理想的なのは、「なんかあったら能町さんに頼んでみようかな」というような気軽な感じ。

　私が人に頼む場合も、「これ困ったからあの人に相談してみよ！」という感じで、お互いに変な気をつかわなくてもいいような自然な関係がベストだと思います。

　気づかいが返ってこなくても、まぁいいよね。そんなスタンスが、周囲の環境をよくしていく気がします。

> 自分のしたことは、形を変えて返ってくる

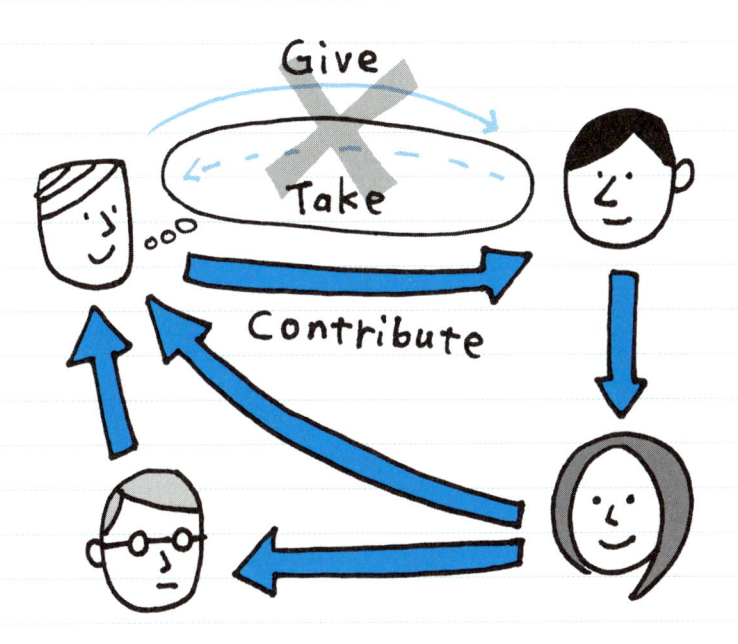

人付き合いに見返りを求めると疲れてしまう。
見返りの有無で一喜一憂しない。

27 エンディングを気持ちよくする

「終わりよければすべてよし」とは本当によく言ったもので、何ごとも終わりがいいと、それだけで気持ちがよくなります。

1日の終わり、長い時間をかけた仕事の終わり、人とのお別れ・・・。辛かったことも悲しかったことも、その終わり方ひとつでいい思い出にも苦い思い出にもなります。

忘れられないスピーチ

以前、会社の人たちが一斉に集まり、上司を含め転勤する方達の公式なお別れ会がありました。

私の上司も異動が決まっていたので、あいさつをはじめたのですが、これが忘れられないものとなっています。

「この2年間、本当にありがとうございました。日本の地で素晴らしい文化を学ぶことができ、仕事でもプライベートでも充実しました。

でもそれは、1人の女性によります。今日はその人に心からお礼を言いたいと思います」。

外国人の上司でしたので、周囲には「(定番の奥さんの話をするんだろうなぁ)」という空気があったのですが、

「その名前はミッキーです」。

上司が私の名前を告げた瞬間、思わずワーッと涙があふれてきました。

上司は「本当にありがとう」とプレゼントに赤いマフラーをくれ、もう涙も鼻水も止まりません。周りからも好かれている上司だったので、その様子に他のスタッフももらい泣きし、私にとって忘れられない、大切な思い出になっています。

不思議なことに、今、その上司との嫌な思い出は思い浮かびません。

もともと嫌みなことをする人でもなかったというのもありますが、「秘書をしていて本当によかった」、と思い出すたびに感慨にふけってしまいます。

それは他のスタッフも同じようで、「あの人は本当にいい上司だった」「好きだった」と、誰もが思い出すいい上司になっているのです。

でも、「何かしてもらったの？」と聞くと、「いや、具体的に何をしてもらったということはないけど・・・」。

といった具合で、**直接的に何かをしてもらったり一緒に仕事に取り組んだりということがない人も、「いい上司だった」と言うのです。**

このあとご紹介しますが、ふだんの何気ないコミュニケーションから「気持ちのいいエンディング」（「さようなら」のあいさつだったり、「ありがとう」の言葉だったり）を上司は意識していた気がします。

会社でどんどん出世していく人は、往々にしてそういうところがあるのです。
　事実、みんなに愛されたその上司は、今もどんどん出世していて、各国を転々と飛び回っていると聞きました。

　余談ですが、冒頭のセレモニーでは私の上司の他にもう1人会場の涙を誘った役員の方がいました。その人には「鉄の女」などと恐ろしい通り名をつけられていた秘書がついていたのですが、「鉄の女」秘書がその上司との別れに涙を流したのです。会場は大感動に包まれました。

　人の記憶に残るのはいい思い出だけであって、辛いことは忘れていってしまいます。ですから、小さなことでも気持ちのいいエンディングを心がけてみてください。
　何事もハッピーエンディングが一番です。万が一最初につまずいてしまっても、終わりさえうまくいけば、何とかなってしまうものなのです。

> **心に残っている出来事は、
> どんなエンディングで終わっていますか?**

28 ちょっとした一言を惜しまない

　涙で別れた上司の話をしましたが、彼は1日に何度も何度も「Thank You」と口に出していました。それこそ、口ぐせであるかのように感謝の言葉を口にします。

　私の場合、上司の一番近くで仕事をしていたので、1日何十回聞いていたかわかりません。それでも、「Thank You」と言われるとつい嬉しくなってしまいます。

　これが「ごめんなさい」「すみません」だと、慇懃無礼という話になってしまうのかもしれませんが、感謝の言葉は何度聞いてもあきません。

今さらでも、声に出して言ってみる

　ではあなたは、1日にどれくらい「ありがとう」と言っているでしょうか？

　たとえば、何かをしてもらったり、手伝ってもらったりというとき。「やってもらって当たり前」とまでは思っていなくても、感謝の言葉があるかないかであなたに対するイメージはずいぶん違ってきてしまいます。

　相手にしてもらったことを、「大したことではない」と心のどこかで思っていると、感謝の言葉をついつい忘れていませんか。

そして、「ありがとう」を言わないでいると、その使い方をだんだんと忘れていってしまうのです。
　特に付き合いの長い間柄になると「今さら言うのも何となく恥ずかしい・・・」そんな気持ちもしてきてしまうかもしれません。
　でも、ダメです。何かしてもらったとき、手伝ってもらったとき、頼みごとを聞いてもらったとき、きちんと「あなたの好意に感謝しています」という意思表示をしないといけません。
　本当は心で感謝していても、それを口に出してもらえないと相手は不安になりますし、いい気はしません。
　もし、「ありがとうって、あまり言っていないなぁ・・・」という場合には、1日5回でいいので、声に出してお礼を言ってみましょう。家や職場、コンビニやスーパー、誰にでもOKです。相手に感謝しながら「ありがとう」と言ってみる。
　口癖になるまで、とにかくやってみてください。

　ちなみにその上司は、「ありがとう」と言うときにはだいたいウインクもつけてくれました。
　私とその上司の間に「何かあるんじゃないか!?」とうわさが流れるほど、親密に見えたようです。
　あるとき、男性のスタッフから「僕もウインクされたんですけど・・・これって大丈夫なんですか!?」とマジメに相談されたり、女性のスタッフにも「能町さんいいなぁ」と言われたりするほど・・・。

何にしても、それほど好意があふれる「ありがとう」を言ってみたいものですね。

> **1日5回の「ありがとう」習慣**

「すみません」の代わりに「ありがとう」を言おう。
会釈だけでなく、「ありがとう」と声に出す。

29 相手が喜ぶプレゼントをする

　ある年の12月。
　私がサポートしていた上司がふいに、「今から〇〇部のスタッフの全員にクリスマスカードを書きたいから用意してくれない？」と頼んできました。
　クリスマスまであと4日・・・年末は仕事の忙しいことが多いうえに、その部署のスタッフの数はだいたい60人ほど。人数的にも決して少なくありません。
　「忙しいのに大丈夫なんですか!?」と聞くと、「大丈夫。2時間でやるから！」と言うので、急遽カードを用意することになりました。
　しかも上司は、「メッセージは同じじゃ意味がないよね」と、それぞれの人に向けて違う内容を書くことにしたのです。
　それならばと、私もスタッフの名簿を持ってきて、「Aさんは〇〇に貢献しました」「Bさんは××を達成しました」「Cさんは・・・」といったように誰が今年どんな仕事をしたのか伝えて、上司はそれをもとに60人それぞれに違うメッセージを書いていきます。
　さすがの集中力で、本当に2時間で終わらせてしまったのですが、迎えたクリスマス当日。自筆のカードはその部署の部長さんに渡しておき、それぞれのスタッフへ・・・。

思わぬサプライズに、スタッフの人たちは本当に喜んでくれました。

　メッセージは２～３行で、決して長いものではありません。そんなに時間もかかっていない。でも、**「わざわざ自分のために書いてくれた」というのは嬉しいものなのです。**

　かけた時間はたった２時間ですが、その２時間がどれほどスタッフのモチベーションを高めたかということを考えると、惜しまないでよかった手間なのではと思います。

　こんなふうに、思わぬサプライズは思わぬ感動を呼びます。

自分のほしいものと人のほしいものは違う

　一方、どんなプレゼントでも、気がきいていない（相手の求めていない）ものではなかなか「ありがとう！」と喜ばれることはありません。

　たとえば、ディズニーランドに勤めている友人がミッキーマウス（私の愛称が"ミッキー"なので）のぬいぐるみをよく送ってくれていました。

　最初は「あら、ありがとう！」という感じでしたが、いつもいつもミッキーマウスなので、（気持ちは嬉しいのですが）どうしても「うん、ありがとう・・・（もう部屋がミッキーだらけだけど・・・）」というように感動がうすれてきます。

　私の友人が一番困ったのは、誕生日にハムスターをもらったこと・・・と言っていましたが、感謝や感動を呼ぶか呼ばないか、そのポイントは相手が「本当に自分のために用意してくれ

たんだなぁ」と思ってくれるものを渡したり行ったりすること
です。

　自分が本当に好きなものでも、それを相手が好きかどうかは別問題。相手のためにすることなのですから、相手の趣味嗜好に合ったものや、あげても邪魔にならない、嫌みのないものを考えるべきではないでしょうか。

その人のためにしている、という気持ちを伝える

　ちなみに私の場合、**その人との"思い出を共有できるもの"をプレゼントするようにしています**。たとえば一緒に京都旅行に行った友人なら、京都ゆかりのものとか、泊まった宿の近くのお店にあったアクセサリーを渡すとか、そんな感じです。

　これが海外なら、その国の紅茶やワイン・・・なんていうのもいいかもしれません。「あのときこういうことがあったね」と、プレゼントを渡すと同時にいい思い出話をすることもできると思います。

　あるいは、友人が誕生日なら一緒に食事に行って、お店の人にバースデーケーキを用意してもらう・・・という定番のイベントもよくやっています。どれだけ定番のことでも、やっぱり「自分のためにしてくれたんだ」と思ってもらえることなので、喜んでもらえるのです。

　プレゼントに値段は関係ないと思います。

　大切なのは、相手の好きなものをリサーチしておくとか、事前にいろいろ準備をして動いてあげるとか、そういう心づかい

と行動です。気持ちと行動がともなったものならば、もらって嬉しくないものなどありません。

> **そのひと手間をかけるか、かけないか**

自分のために選んでくれた、してくれたことなら何でも嬉しい。

㉚ お礼には一筆添える

　私はよく、プライベートでも仕事でも、人にお礼をするときは手紙を使うことがあります。
　手紙といってもメッセージカードのような感じで、長々と書くものではありません。
　せいぜい「この前は誘ってもらって本当にありがとうございました！」くらいの簡単なものです。
　もちろん、お仕事で送る手紙だったら「拝啓」からはじまり、時節のあいさつを挿れて・・・といったきちんとしたこともするのですが、ちょっとしたお礼だったら短くしています。

　これには理由があって、お礼もあまりに仰々しくされると相手に余計に気をつかわせてしまうからです。
「こんなに丁寧な手紙をもらってどうしよう・・・」それで相手に恐縮されても困りますし、一方で、メールでお礼というのも当たり前すぎておもしろくありません。
　そのため、編み出したのがメッセージカードなのです。

カードにはちょっとした贈り物を添えて

　私はこのとき、カードだけではなく、ちょっとした贈り物も添えて、メッセージと一緒に届けることにしています。

相手が女性なら「香りのいい石鹸」、男性なら「ハンカチ」、きちんとしたお礼なら「ネクタイ」を添えて、外国の人の場合は「漆塗り風の手鏡（あくまでも漆塗り"風"ですが）」・・・といった具合です。

　さすがにネクタイは人それぞれ趣向があるのでその都度選びに行きますが、石鹸もハンカチも、数百円から1000円くらいのものでちょっと品のありそうなものがあったらたくさん買っておきます。

　そうすると、ちょっとしたとき、まとまった時間がなくてもすぐお礼ができるのです。

　この方法、もともとはオーストラリアに留学に行っているとき教わったもので、お世話になった家にいつも可愛い石鹸が大量に置かれていたのです。

　こんなにあるならと、ある日「これ使っていい？」と尋ねると、「それは絶対ダメ！」と怒られてしまいました。

「ええ、こんなにいっぱいあるのに何で？」と聞いてわかったのですが、人に贈るためのちょっとしたプレゼントとして、家に常備しておくのだそうです。

　お礼は感謝の気持ちが伝わればいいので、**あまり気をつかわせないように、ちょっとしたお礼にはちょっとしたプレゼント・・・というのがポイントです。**

　今は雰囲気のいいレターセットが売られていますし、女性向けには可愛らしいデザインや上質で趣のあるデザイン、男性向

けにはシックで高級感のあるデザインやお洒落なデザインもあります。さらに、切手もこりだすと楽しいものです。季節ごと。用途ごと。とても単純なことですが、このひと手間が気のきかせどころだと思います。

お礼はとにかく早く

補足ですが、お礼の大事なポイントはとにかく早く行うことです。これは絶対に遅くなってはいけません。

たとえばお中元やお歳暮など、何かいただいたらその日のうちにお礼の電話を入れて感謝の言葉を述べるのがマナーであり、心づかいです。
「面倒だなぁ」と一度機会を逸してしまうと、もうずるずると先延びしていきますし、間の抜けたタイミングでお礼の言葉を言われては、先方も「ん？」となってしまいます。

時間がなくてもすぐにお礼をする・・・私が家に贈り物を置いておくのにはそんな理由もあったりします。

> **お礼では気づかいが試される。**
> **ちょっとした一手間を惜しまず、とにかく迅速に。**

第5章

言いにくいことも言えるようになるスマートな伝え方

31 話の要点がわかりやすい

　ここまで見てきたように、「気がきく」こととコミュニケーションにはかなり密接な関係があります。

　コミュニケーションがきちんととれる人には「気がきく」人が多いですし、コミュニケーションの苦手な人には「どうすれば気がきくようになるんだろう？」と悩んでいる方が多いようです。

　そこでこの章では自分の考え、相手にしてもらいたいことを上手に伝えるための方法を考えていきたいと思います。

一番言いたいことは何か？

　まずは、基本の話し方について見てみましょう。

　話し方のポイントはまず、一番言いたいことは何か、ということ。それを相手にきちんと伝えることが重要であり、そもそもの話の目的であるはずです。

　長々と話して「オチがない」「何が言いたいのかわからない」というのは言いたいことが定まっていない、ということかもしれません。

　秘書にもそういうことはよくあって、たとえば上司が「社用車を使いたい」と言ったとします。

　すると、事前に車を使えるかどうか確認する必要が出てくる

のですが、そのとき要領を得ない秘書は「私の上司がこの日に、こういう用があって、この時間からこの時間まで、こういう区間で使いたいのですが・・・」という感じで話してしまいます。

一方、要領を得ている人は**「この日のこの時間に使いたいんですが、可能ですか？」**と、それだけです。

前者の尋ね方は丁寧な感じはしますが、時間がかかりますし、ムダが多い気がしないでしょうか？

詳細な情報が詰まっているので、「あれ・・・で、何が聞きたいんだっけ？」ということになりかねません。

ですから、人にものを尋ねるときは後者のような質問の仕方がいいと思います。細かい話の枝葉はそいでしまい、自分が一番聞きたいことだけを聞く。すると**相手も非常に答えやすくなり、時間をムダにしません。**

「ダメ」と言われたらその時点で話はおしまいですし、「OK」ならば「使えるけど、何で？」とか「どこまで？」とか、聞いてくれるのです。

話を組み立てる

人に用件を伝えるには、シンプルに結論だけを言うのが一番効果的だと思います。

では、日常会話で上手に話をするにはどうするか。

まず、一番伝えたいことを確認し、それを結論に順序立てて話していくことです。たとえば、相手が食いついてくれるよう

なキーワードを入れてみたり、相手がうまくシチュエーションを想像できるような事例を入れてみたり。

　枝葉末節を上手に省きつつも、なるべく具体的に話すことが大切です。

　ちょっと不謹慎な例ですが、「朝電車に乗っていたら隣のおじさんのかつらが取れた！」ということを伝えたいとします。

　もし私がそんな話をするのなら、人の興味をそそるであろう「おじさんのかつらが取れてどうなった？」ということを中心に物語を組んでいくと思います。

　でも、その話をするのに「昨日の晩御飯カレーだった」という話は関係ないですし、「今朝歯磨き粉と洗顔料を間違えて使っちゃった」なんていう話はしない方がいいのです。

　つまり、**まずは結論ありきで、余計なことはそぎ、きちんと時系列で話していく。**

　これが人に伝わる話し方だと思います。

　映画やドラマなどを見ているとわかりますが、作中の登場人物はストーリーの筋と関係ない、脈絡のない話はしません。

　そうすると秩序がなくなって、見ている側も何の話をしているかわからなくなってしまうからです。

　身振り手振りを交えておもしろい話を！　なんて難しいことはしなくてもいいと思うので、まずは相手に伝えるべきことを確認してみましょう。

言いにくいこともえるようになるスマートな伝え方

> 「かつら」の話のときは、「かつら」の話だけ

×　　　〇

伝えたい芯の部分を確認しよう。
脈絡のない情報は省き、会話をスマートに。

32 読まれるメールを送る

　仕事にしろプライベートにしろ、なんとなく返すのが億劫なメールってありませんか？

　私の場合、中身のやたらと長いメールや、何を言いたいのかしら・・・というメールに関してはちょっと開くのが嫌になってしまいます。そんなメールだと、ついつい返信するのを忘れて、放置してしまうということがあるかもしれません。

メールは短くコンパクトに

　私は特に仕事では「メールは短く」、「コンパクトに」することを心がけています。

　なぜなら、仕事のメールで意識すべきなのは「女性らしさ」を表現することではなく、要領を得た内容にするにはどうすればいいか。どうすればシンプルに相手に内容を伝えられるかを優先しているからです。

　よくあるパターンは、長々と書いてあるわりに中身があんまりない・・・とか、こちらがそのメールを見て何をすればいいのかわからないメールです。

　そうすると、返信する方も「どう返信しようかな・・・」という感じになってしまい、相手に負担をかけてしまうことになります。そう考えたら、必然的にメールは短くコンパクトにな

っていきました。

　特に上司に送るメールは気のきかせどころで、彼らは一日100件も200件もメールを受け取っているので、その中でいかに自分のメールを読んでもらうかということに力を注がないとならないのです。

　では、そんな忙しい人にメールを読んでもらうにはどうすればいいのでしょうか？

タイトルを工夫する

　私がよくやっているのは、件名にほどこすちょっとした工夫です。よく件名に、「【重要】～～の件について」とか、「【〇日まで】～～の件について」といったように、その重要度や日時を指定する方法があると思います。

　どちらもいいと思うのですが、確実に相手に伝わるようにするにはさらにもう一工夫必要かなと、実践しているのが次の方法です。

　たとえば、上司に緊急で見てもらいたいものがある場合は

「Please approve by 3PM」

【午後3時までに承認してください】

　また、上司に何かしてほしいことがあるのなら、

「Please take an action by May1」

【5月1日までにやってもらえませんか】

というように、上司に「何を」「いつまでに」してほしいのか件名だけでわかるようなメールを心がけています。
　そうすると、忙しい人も「ああ、緊急なのか」「余裕があるしまだいいか」という感じで**メールを開く前から察しがついて便利なのです。**ムダなやりとりをしなくて済むので、時間の節約にもなります。

プライベートメール

　一方プライベートの場合、わかりやすい方がいいのはそうなのですが、同時にちょっと遊び心（冗談など）を入れたり、自分のキャラクターも含め、相手に伝わるようなメールが出せると読む方も楽しくなりますよね。
　こちらの場合、大切なのは「あなたのために送りました！」というメールを心がけることでしょう。
　でもそれは、「長文メールがいい！」というわけではありません。やっぱり、長すぎるメールでは相手も「どうやって返そうか・・・」なんて必死に考えてしまうでしょうから、「この前言ってた〇〇（映画や本や音楽でも何でも）見たけど、よかったよ。ありがとう！」くらいの感じでいいと思います。

　ただ、私の場合メールは「連絡手段」という認識です。
　本当のコミュニケーションはやっぱり対面で。重要な話は顔を見合って話すべきでしょうし、何より、相手のことは会って話してみないとわかりません。

メールに頼りすぎることなく、適材適所、上手に使っていきたいものですね。

> **内容以外で気をつかえることもある**

仕事のメールはできるだけコンパクトに。
プライベートメールも相手に負担をかけない工夫を。

33 余計なプレッシャーを抱えない

　結婚式やちょっとしたパーティーなど、大勢の前でスピーチする機会がたまにあります。

　そういうのが苦手・・・という方もいると思いますが、私はそうした場面でスピーチの原稿をあらかじめ細かく作ったことがありません。時間がないからということではありません。

　なぜなら、「本日は・・・」から「ご清聴ありがとうございました」まで書かれたような細かい原稿を作ると、**「そのとおりにやらないといけない！」という余計なプレッシャーが生まれてしまうからです。**

　友人の結婚式などで、新郎や新婦の上司の方が、かなり用意されたのであろう堅苦しいあいさつをしている。

　でも、その割に誰もあまり聞いておらず、周囲の人までもが緊張してしまう・・・という悲しい場面を見かけることはないでしょうか？

　そうしてガチガチになってしまうのは、まさに「失敗してはいけない」というプレッシャーだと思うのです。

死ぬ思いをした通訳の仕事

　かく言う私も、昔は本当に嫌でいやで、緊張して仕方のない仕事がありました。

それは、通訳です。

企業の経営陣が集まって会議をする「経営会議」というものが開催されるのですが、私も上司と一緒に出席して、上司の言葉を通訳しないといけません。

一応、事前にどんなことを話すのか打ち合わせてから出席するのですが、上司に熱が入りはじめると、知らない専門用語がどんどん増えてくるのです。もちろん、聞いたこともないような単語ですから、訳しようがありません。

はじめてこの仕事を担当したときは、知らない単語が増えてくるにつれ、「・・・えっ？」と頭が真っ白になってしまいました。

極度のプレッシャーと緊張感から、会議が終わった途端に胃痙攣を起こし、おまけに唇の下ににきびが4つもできてしまいました。

それ以来、通訳の仕事が本当に苦手だったのですが、あるときプロの通訳の方に「通訳は100％を目指したら絶対にダメ。私も10年やってるけど、それでもわからないことはわからない。だから、そんなことでストレスを抱えてもしょうがないよ。その時々にベストな通訳をすればそれでいいの」。

そんなアドバイスをいただいたことがありました。

その言葉を聞いてからは何となく気が楽になり、一語一句完璧な通訳ではなくて、**聞いている人に上司の言いたいことがきちんと伝わる通訳ならいいんだ**、と思いはじめたのです。

それこそ、「私の通訳は人に伝わる・・・私の通訳は人に伝

わる・・・」という自己暗示をかけ、目的を「失敗しない通訳」から、「伝える通訳」をすることに変えてみました。

　本当にたったそれだけのことなのですが、通訳をしていても以前ほど追い込まれることはなくなったのです。

失敗したくない、と思わない

　緊張してしまう、あがってしまう、その原因はいろいろとあると思いますが、緊張に弱い方は、「目的を変えてみる」というのはどうでしょうか？

　冒頭の話に戻すと、「絶対に失敗しないスピーチ」ではなく、「人を楽しませるスピーチ」「新郎新婦をねぎらうスピーチ」というようにしてみるのです。

　失敗しない、というのは、究極をいうと目的が内向きです。
たとえば、「失敗してみっともない姿をさらしたくない」といった自分の体裁を守ることが第一の目的になっていないでしょうか？

　そうではなく、やはりここも相手本位になり、「楽しませよう」「心のそこから祝ってあげよう」という気持ちになると、ものすごく楽になると思います。

　私がスピーチの原稿を作らないのも、その場にいる人たちの雰囲気や空気を見ながら声のトーン、冗談を入れるかどうか決めた方がいいと思うからです。

　「相手ありき」というのは、本当に何にでも通じることだと思います。

言いにくいことも言えるようになるスマートな伝え方

> 内向き思考は自分を苦しめるだけ

「失敗しないように」を、
「楽しませよう」「伝えよう」に変えてみる。

34 余計なことを言わない

　結婚10年目を迎えた友人が言っていたのですが、最近、しょっちゅう夫婦ゲンカをしてしまうようです。
「これも片付けといってって言ったじゃない！　だからあなたは・・・」「○○って言ってるでしょ、○○よ、○○！」・・・相手を攻撃するような一言や、同じことを何度も何度も繰り返したり・・・。

　パターンはいろいろあるそうなのですが、とにかくその火種はお互いの余計な一言にあるようです。
「ケンカするほど仲がいい」というように、夫婦や恋人同士などであればそれもコミュニケーションの1つなのかもしれませんが、それが友人や知り合いの人に対しても・・・となると話は別です。

　あなたのためにも、すぐにやめるべきでしょう。余計な一言ほど、その人の信頼や品位を落とすことはないと思います。

故意の余計な一言

　ところで、「余計な一言」にも種類がありますが、大別すれば2つ。1つは**「故意に言う」**。もう1つは**「あまり意識しないで、つい言ってしまう」**だと思います。
　つまり、意識しているか無意識かの違いになるのですが、ま

ずは前者の「意識的に言ってしまう」というパターン。

これは、「売り言葉に買い言葉」で相手の一言に怒ったり不安になったりしたとき、カチンときてやってしまうというパターンが多いのではないでしょうか。

あるいはあんまり好きでない人がいて、どうしても皮肉っぽいことを言ってしまう・・・という人もいるかもしれません。

でもいずれにせよ、**それは自分が大人になり、コントロールしないといけないことだと思います。**

たとえば、感情の浮き沈みの激しい人がいたとしましょう。ふとしたことで急に不機嫌になる。

でも、その人のかんしゃくやヒステリーに付き合って、自分も同じように言い返してしまえば、もう収拾がつかなくなります。

それこそ火に油で、付き合えば付き合うほどエネルギーを消費してしまうのではないでしょうか。

あるいは、「負けた気がする・・・」「悔しくて・・・」というような感じで、相手を攻撃してしまう場合も同じでしょう。負けず嫌いの習性もあるかもしれませんが、何を言っても、言い負かしても、あとに残るのは相手との溝や、精神的な疲労感、空しい気持ちだけだと思います。

であれば、相手の感情に付き合わない。同じ土俵に立とうとしない。その人はそういうもんだと割り切り、つかず離れずの距離感で付き合っていくのが一番ではないでしょうか。

オトナの対応、精神的な余裕、これをなるべく意識してみてください。

無意識の余計な一言

　一方、意識しないで余計なことを言ってしまう・・・。これは本人にしてみれば、「どういうことが余計なのかイマイチわからない・・・」ということかもしれません。

　この場合は、とにもかくにも「意識する」ということに尽きます。

　相手の置かれた立場や環境を思いやって、想像力を働かせてみる。そうすれば、何が言っていいことで悪いことなのか、わかるんではないかなぁ・・・と思います。

　たとえば、つい先日離婚された方に「最近、ご家庭はどうですか？」なんてもう最悪の一言です。

　あるいは何か失敗してしまった後輩や部下、子どもなんかに「何で失敗したんだ？」なんて問い詰めるようなこともプレッシャーを与えるだけで、いいことなんかありません。

　相手を思いやる姿勢、相手の気持ちを察しようとする態度が、言葉に出てきてしまっているのかもしれません。

　前述した「人に興味を持つ」ということや、「人を認める」姿勢がなければなりません。

　親しき仲にも礼儀あり、親しくない人にはなおさらです。

　心のマナーがあれば、余計な一言も減るのではないでしょうか。

余計な言い争いで疲れるのは自分自身

「言わなきゃよかった」一言、ありませんか？
後悔しないよう、後先を考えて発言しよう。

35 初対面でも沈黙を恐れない

　慣れていない人だと話があまり続かなくて気まずい、気づくと一方的に話してしまっている・・・ということはないでしょうか？

　そんな緊張は相手にも伝わっているかもしれません。そうすると、やっぱりぎこちない会話になってしまいますよね。

自分から自分の話をする

　私の場合、地でいくとテンションが高いのと男性っぽいところがあるので、初回に関しては気持ち控えめに、会話なども相手に合わせるように心がけています。「なんか豪快な人だったなぁ」と思われるのはちょっと・・・。

　しかしそれとは逆に、「心を開くのが苦手」とか「自己主張が苦手」とかいう人は、積極的に自分を出すようにしていくべきだと思います。

　とは言え、特別なことはまったく必要ありません。

　単純に自分は何が好きとか得意であるとか、趣味は何だとか、「この前どこどこ行ってきたんですよ」とか。

　とにかく何でもいいので、**自分のことを相手よりも先に話してみることが大切です。**

　やはり得体の知れない人と会話を続けていくよりも、たとえ

ちょっとしたことでも、情報が入っていれば安心できます。「この人はこんな感じなのか・・・なるほど、これが好きなんだなぁ・・・」そういう情報があるのとないのとでは印象も変わってきますよね。

自分を出しすぎてもいけない

ただし、前述したように自分を出しすぎてもいけません。

たとえば「落ち着いている」「しっかりしていそう」「明るい」「賢そう」「テンションが高い」などなど、そうした見た目から抱いている印象と話したときの印象が真逆だった！

というのは、いい方にいくこともありますし、逆に「ガッカリだなぁ・・・」なんていうこともあるでしょう。

そんなこともありますので、まだ相手のことを十分にわかっていない段階では、ちょっと個性をおさえるくらいでちょうどいいのではないでしょうか。

いきなり手の内をすべて明かすのではなく、情報をちょっとずつ小出しに。

そのほうが、「また次も会ってみたい」と思ってしまいますよね。そんな、ちょっとだけ謎めいた部分を残してみるのも初対面での会話でのポイントかもしれません。

間を解消する話題と話すペース

また、初対面での会話では「沈黙が怖い・・・」。

というのも多くの人の悩みのようです。

緊張すると間を埋めようとしてついベラベラと話してしまいがちですが、勢いよく話されるのが苦手な人もいるでしょうし、何より空回ってしまうとますます嫌な空気が流れてしまいます。

　そんなときアドバイスが1つあるとすれば、**お互いの共通点を探していくことです。**

　生まれた年や月、年齢、住んでいる（住んでいた）ところ、学校、趣味、経験、共通の知人などなど、探していけば必ず何かあります。

　1つ見つければそこから会話が広がっていくでしょうし、打ち解けるスピードも速くなるでしょう。

　参考情報ですが、人との話題に困ったときは「きどにたてかけし」といって、「き（気候）、ど（道楽、趣味）、に（ニュース）、た（旅）、て（テレビ）、か（家庭）、け（健康）、し（仕事）」の話をするといいよ、というものがあるそうです。

　ただ、きちんと相手の話を聞いていれば、スッと言葉は出てくるものものだと思いますので、あくまでも「きっかけ」くらいにおさえておいてください。

　さらに、快適な会話をするには相手の話すスピード、ペース、波長を合わせることも大切なポイントです。

　ゆったりした人には気持ちスローで。早口やおしゃべりの人には会話に置いていかれないようにとにかくきちんと聞くこと。話すのが苦手そうな人が相手だったら、「私は〜なんです

けど、〇〇さんはどうですか？」と、先に自分の情報を出しておいて、相手の反応を見てみるのもいいでしょう。

あえて間を作ってしまう

　それでもやっぱり間が怖い・・・という場合には、もういっそのこと間を作ってみることをおすすめします。

　意味のない質問をしたり、行くあてのない会話をはじめたりするよりも、いっそ黙ってしまいます。

　これも実は1つのテクニックなのですが、**沈黙が生まれると、その後に相手が本当に話したいことを話題に出してくれることが多いのです。**

　あるいは、あなたもちょっと間を置くことで「あ、そういえばあの話があったな・・・」という感じで相手にふることもできるでしょう。

　何にしても、せっかく人と話すときは「何か1つ学んで帰ろう」とか、そんな前向きな気持ちを持つだけで重い気持ちも軽くなると思います。意識しすぎないのも大事なポイントです。

**適度に自分を出しつつ、共通の話題を探る。
相手に合わせることも忘れずに。**

36 キッパリと断る

ハッキリしない態度が相手を困らせる

　私は今でこそ断るのが得意になりましたが、昔は何でもかんでも「これやっといて」「これ行かない？」と言われれば「はい、やります！」「行きます！」と言っていた断りベタな人間でした。断るというのは、なんとなく相手に悪い気がしてしまうものです。

　ただ、長年秘書をしてきてわかったのですが、**断るべきときにはキッパリNOを言った方がかえって後腐れのない関係がつくれます。**これは仕事の場面でもそうですし、プライベートでも同じです。

　断りづらいからだと思うのですが、特に社交辞令を言ってしまう人が多いのではと思います。

　しかし、本当に行く気がない、やる気がない、仲良くする気がないのなら、それもよした方がいいでしょう。

　変に気をつかうと相手も距離感に困ってしまうと思いますし、「ハッキリしてくれ！」と腹を立てているかもしれません。

　ただ、中には会社の上司など「付き合いたくはないんだけど付き合わないわけにはいかない・・・」という場合があるでしょうから、そのときは本当に短く「またの機会にお願いしま

す」と一言添えるくらいがいいでしょう。

断る理由は具体的に

そして何よりも、断るときに気を回さないといけないのが、理由です。

人によっては「仕事でダメです」「忙しいのでごめんなさい！」「このあと予定があるので・・・」なんていう感じで済ませてしまうと思いますが、私はもっと具体的な理由を出して断るようにします。

たとえば、知り合いからセミナーなどのお誘いがあったら、「その日はあいにく出張で」とか、「今は進めている○○が手いっぱいで」なんていう感じです。

感覚の問題ですが、具体的な行動やものの名前を出したほうが「断る理由」としてはいいのではないかなぁと思います。

その方が「あいつは来るのが嫌だから断ったんだな・・・」とか「またまた、本当に忙しいの・・・？」なんていう感情を相手に抱かせることがない気がするのです。

早めに返事をする

あとは、断るタイミングも結構重要になってきます。

私は、すぐ断らないといけないもの（たとえば飲み会のお誘いなど、人数把握、準備や段取りが必要なもの）についてはすぐに意思表示をするようにします。

一方、それほど仲良くない人からの営業っぽい勧誘など、

「ちょっとなぁ・・・」なんていうものについてはちょっとだけ時間をおいて返事するようにしています。

　直接聞かれたものに関してはその場でハッキリと断りますが、メールなどの場合は、「断る」という印象をやわらかくするため、やや時間を置きます。

　ただ、いずれにせよ「早めに返事をする」というのは信頼感につながることなので、スピードは意識すべきでしょう。

　ちなみに、上司から残業を頼まれたときは「構いませんが、いつまでにやればいいものでしょうか？」と期限を聞いて、「今夜中という感じでなければ、明日の朝にやらせていただいてよろしいですか？」と、なるべく夜は残業しないようにしています。

　断ること自体、悪いことではありません。断るというのは、相手の厚意を裏切るような気分になりますが、それで嫌々付き合いを続けるのは自分のためになりません。

　第一、断られた方も「そうか。残念、また誘います！」なんて軽いノリで、大して気にしていないというパターンがほとんどでしょう。

　最悪なのは、「YES」か「NO」かわからない態度、「ドタキャン」などです。

　それこそお互いの溝を深める結果になりますから、断るときには自分の態度やタイミング、そして合理的な理由を伝えるようにしてください。

> 都合がつけば行きたい・・・とは言わない

つい曖昧な返事をしていませんか？
ヘタな社交辞令は言わず、キッパリ断ろう。

37 注意しない、否定しない

注意ではなく、"教え導く"姿勢

　私は、よっぽどのことがないかぎり人を注意するということはありません。たとえば、仕事で必要な知識がないとか、マナーがなってないとか、そんな場合には叱ったり注意したりではなく、"教え導く"ようなスタンスをとっているつもりです。
「それは違うからこうしなさい！」ではなく、「私もそうしたことがあったんだけど、そうすると相手からこんな反応が返ってきたのよね・・・」なんて間接的に伝えるようにして、直接的な指摘はあまりしません。

　また、オーストラリアで生徒がした悪さを叱らなかった先生の話をしましたが、それと同じく、基本的に相手の言っていることやその人のしようとしていることを否定しません。

　言葉づかいがちょっと悪い、何だか礼儀がなってない、そんな場合も「そういう性格なのね」と、その人の個性だと解釈するようにしています。

　なぜなら、人はコントロールできるものではないからです。**本心から受け入れてもらうには、自発的に気づきを得てもらうしかありません。**

　だから、褒めて伸ばす、相手を認めて伸ばしてあげるのが年

長者の役割なのではないでしょうか。

　それは、私が上司を見てきて思ったことでもあります。

　だから、ミスをした後輩や部下に「何やってんの!?」「気をつけなさい！」という感情を入れたやりとりは極力しません。

　それをどうカバーするか一緒に考えるようにします。

　そのほうが、怒られたり叱られたりするよりも「大変なことをしてしまった・・・」という実感につながりやすいのです。

　そして、できればそれを褒めるというのがうまいやり方な気がします。

褒めるときのフレーズ

　では、どんなふうにして人を褒めるかというと、私にはある決まったフレーズがあるそうです。

- 「勉強になります（勉強になるなぁ）」
- 「さすが〇〇ですね（さすが〇〇！）」

　あんまり意識していないのですが、こんな言葉を使っています。別段変わった言い回しでも何でもないのですが、お世辞かどうか「褒め上手だなぁ」と言われることもありました。

　自分の話ばかりで恐縮ですが、それが上辺の言葉ではなく、本心から出ているものだからこそ伝わるんじゃないかなと思っています。

　気持ちを込めずに「さすが」とか「勉強になります」なんて

言うのは白々しい感じがしますが、本当に気持ちがこもっていると、またとない威力が出てくるのではないでしょうか。

すべては言い方

では、私はまったく人に意見をしないのか？ というと、やっぱりそれも違います。

特に何人かでものごとを進めていくとき、「いやぁ、ちょっとそれは・・・」と意見をしたくなる場面も出てきます。

そこで黙ってしまうのは気づかいではなく遠慮になってしまうので、NOを言いたいときは

- 「私が考えるには・・・」
- 「私としては・・・」
- 「あくまでも・・・」

といったように、相手を否定するようなイメージを出さず、「自分の意志ですよ」というのが伝わるような言葉を選びます。ここでも、相手を否定するようなことを言ってしまうと感情を刺激してしまうので、些細な言葉尻には要注意です。

私の場合、議論をしているときは「こうしたらいいと思うんですが、どう思いますか？」と、さらに相手に意見を求めるようにしています。

これが、「一緒にやりましょう！」という意思表示にもなるので、とても建設的な話し合いができると思います。

言葉の終わりに注意する

そして、最後に気をつけなければいけない最大のポイントは「言葉の終わり」です。終わりは、何でも気持ちよくしないと後味が悪くなります。

たとえば、「○○はいいと思うんだけど、△△は違うんじゃないですか？」と言われると、記憶に残るのは前半部分ではなく、後半部分の「違うんじゃないですか？」になってしまいます。

逆に、「△△はもうちょっと考えたほうがいいかもしれないけど、○○はいいよね」だと、「いいよね」のほうが強く印象に残るのです。

つまり、**ポジティブな言葉や表現を終わりにもってくれば会話は自然と気持ちよく終われます。**

ですから、人と会ったとき、その別れ際では「お会いできて本当に嬉しかったです」といった一言を添えてみる。

それだけで印象はずいぶんと変わるはずです。

**相手を否定しない。戦おう、言い負かそうとしない。
目上であれ目下であれ、褒めてみる。**

38 気持ちのいいお願いをする

　人にお願いごとをするとき、あなたは何に気をつかうでしょうか？
　私が思うに、そのポイントは何をおいても相手に配慮を示し、信頼することではないでしょうか。
　相手に配慮するというのは、相手の空間や時間の都合など、相手側の立場に立って考えてみるということです。
　一度会ってお願いをするのであれば、相手にとって都合のいい場所（職場や家の近いところ）都合のいい時間を選ぶのが大前提になります。

　そして相手本位なのですから、断られても仕方ありません。「ごめんなさい」と言われたら、「まぁ仕方ないよね」というスタンスで、違う人に頼んでみるなど策を練るようにします。
　もちろん、相手の断り方によってカチンとくることがあるかもしれませんが、それは自分が頼んだ相手なのですからやっぱり仕方がありません。

お願いが通じるかどうかは頼み方次第

　でも私が思うに、その人が引き受けてくれるかどうか、というのは頼み方次第なんじゃないかなと思います。

頼み方の上手な人にお願いをされると、「そうか、何とか時間をつくろうかなぁ」なんて思ってしまうものです。

自分への配慮が感じられるお願いは、断りづらくなってしまいますよね。

逆に、頼み方のうまくない人には「ちょっとなぁ・・・」と感じることもあります。

以前、私が米国秘書検定という資格を取るために講師をしていたときのことです。

その講座の生徒さんの1人が、「仕事が見つからなくて悩んでいます」と私のところに相談に来てくれました。

生徒さんのお願いですし、私も何度か転職経験がありますから、「そうかぁ、大変ねぇ」と思っていたのですが、その人の頼み方というのが「先生、●●に住んでるんですよね？ そしたら〇〇駅に△日に来れませんか？ そこだと都合がいいんですけど・・・」。

「えっ？ 私があなたに合わせるの・・・!?」と言いそうになってしまいましたが、やはりものには頼み方があります。

誰だって、自分の都合を優先したお願いをされては、仮にその日が空いていても行きたくなくなってしまいます。

リスペクトの欠けたお願いというのは、気持ちいいものではありません。相手への配慮があるかどうか、お願いの一番のポイントです。

自分から動く

　気持ちの他に、「テクニック」というほどのものではありませんが、お願いするときのコツがあるとすれば、それは自分から動くことだと思います。

　上司を見ているとよくわかりますが、**コミュニケーションが上手な上司は、人と話をするときやお願いするとき、常に自分から動きます。**

　わざわざ自分から動いて人のデスクへ行くのです。中には恐縮してしまう人もいますが、やっぱりそういう人は気さくな感じがするので好かれます。

　そして好かれているので、頼んだお願いごとも気持ちよく聞いてもらえますし、コミュニケーションが活発になります。結果、会社の中が非常に心地のいい雰囲気に包まれるのです。

　逆に、人にあまり好かれていない上司というのは人を呼びつけたり、秘書を間に挟んだりすることが多くなります。

　上司と部下の間に入って意思疎通を手助けするのが秘書の役目なので、秘書を挟むこと自体に問題はありません。

　ただ、そこに頼りすぎて直接のコミュニケーションがなくなると、だんだんと溝ができはじめ、居心地の悪い空間になってしまうというパターンも見てきました。

　自分が相手より目下の地位や立場にいるのなら当たり前ですが、自分が目上の立場であっても、「相手に頼むのは自分」という意識を忘れないようにしたいものです。

お願いしたあとは信頼する

また、お願いをしたあとも注意しないといけないことがあります。

それは、相手を信頼すること。

世の中には、自分でお願いしたにもかかわらず、その経過が心配で心配で仕方がないという人もいます。

たとえば、「○○を作ってもらっていい？」とお願いしたら、あとはできるまで人のやり方にクビを突っ込んではいけません。それが、**頼んだ側の責任であり、お互いの信頼関係だと思います。**

ところがお願いが下手な人というのは、「あれはこうしないと」「これはそうじゃないよ」とあれこれ注文をつけてしまいがちです。

もちろん、「いつまでにやらないといけない」というのが決まっているのであれば進捗状況や方向性を確認することは必要ですが、それ以上のことをしてしまうと、相手に「やらされ感」が生まれるので気持ちがよくありません。

本来、自分でやるべきことなら、自分でやればいいのです。

でも、そうではなく、相手にやってもらいたいことだから頼んでいるのであれば、信頼して任せましょう。

そのスタンスが、信頼関係を築いていくのだと思います。

> 誠意のある頼み方をされれば断れない

お願いごとは相手の都合を最優先。
自分から動き、相手を信用すること。

第6章
気配り上手の効率的なタイムマネジメント

39 時間感覚を意識する

「人へのリスペクト」。本書での一番のキーワードになりますが、リスペクトというのは、その人の人格、空間、時間、すべてに配慮を示すことです。

あまり意識していないかもしれませんが、**相手の時間への配慮も気配りなのです。**それは話し方であったり、会う日であったり、時間の速さや長さ、朝型か夜型か・・・いろいろなことにつながってきます。

そこで最後の章では、時間の観点から、人への配慮、自分自身への配慮について述べていきます。

ドタバタのオフサイトミーティング

以前勤めていた会社で、「オフサイトミーティング」が開かれました。オフサイトミーティングというのは、簡単に言えば社外で開く会議のことです。会社の現状や今後について社員で話し合うのですが、会社によっては泊まりがけで開かれることもあり、イベント的な側面もあります。

そのために会場をおさえるなどの準備も必要になるのですが、私の上司はふいに「2週間後にやろうか。準備とかもろもろよろしくね」なんて言い出したのです。

「えっ!? いや、無理ですよ!」なんて言うわけにもいきませ

んから、しぶしぶおさえられるホテルを予約し、なんとか場所を確保し、余興も段取り・・・。

でも何よりも、問題はその日に人が集まれるかどうかです。

たとえば、営業マンの人であったら大事なお客さんと打ち合わせが入っている可能性があります。丸一日かけたイベントですから、あらかじめ立てていた仕事の予定が狂ってしまう人もいるでしょう。

そんなふうに、**人を巻き込むというのは人の時間を奪うということになるのです。**

思いつきでものごとを提案して、無理して都合をつけてもらうようなことはできるだけ避けないといけません。

たとえば「今日中にやっといて」ではなく、**「何日までにこういう目的で必要だから、いつまでにできるかな？」**という言い方にすれば、相手も自分の時間や都合を考えながら引き受けてくれやすくなるはずです。

そんなふうに、相手の時間感覚を意識して接してみてはいかがでしょうか。

**つい自分のペースが基準になっていませんか？
相手にも時間があるということを意識する。**

㊵ 計画性がある

「計画性」のあるなしは、普段の生活からも出てきます。

何となく朝起きて、働いて、気づいたら何となく今日も夜が遅くてまた朝はのんびり・・・。そんなことはないでしょうか？ 私は気を抜くとついついそうなってしまいます。

悲しいもので、人間は放っておくと本能にしたがい、ラクなほうへラクなほうへと傾いていってしまうのです。

自分を律することができればいいのですが、根性だけではなかなか続きません。

そこで必要なのが、計画です。

「こうするぞ！」という計画があればモチベーションが上がってきますが、計画がないとどうしても行き当たりばったりになってしまいます。

目標が意識を変える

では、計画を立てるためにどうするか？

それは、ゴールの設定。

目標を定めることです。ゴールもなしに、上手な計画は立てられません。

目標は、どんなことでもいいと思います。

家に7時に帰る、5キロ痩せる、資格を取る、海外旅行に行

く・・・などなど。何でもいいので打ち出してみます。

　私の場合、目標は必ず紙に書くようにしています。
「こうしたいなぁ」というものを一度見える形にしておくと、ふとしたときに目標を再確認できるので、ものすごく意識が高まるのです。

　今までで言えば、「留学する」「秘書になる」「通訳になる」「米国秘書検定を取る」などの目標がありましたが、何のためにやるのかがわかっているだけでモチベーションが変わってきます。すると意識が高くなるので、集中力も高まるのです。

大事なことを決めておく

　ちなみに、目標というのはその時々変わっていくものです。
　環境の変化やライフステージの変化など、大切にしないといけないことはどんどん変わっていきます。仕事なのか家族なのか趣味なのかお金なのか、それは人それぞれでしょう。
　そして人それぞれだからこそ、きちんと考えておかないといけません。
　こればかりは、他の人では決められない問題です。
　その時々の変化に合わせ、大事にしたいもの、言いかえれば「優先したいこと」を変えていく。それが自分の生活の中で必要な指針になるのです。
　あらゆることに対して目線を「先」に移すようにすれば、行き当たりばったりということはなくなっていくはずです。
　何事にも目標、優先順位をつけておくようにしてください。

目標があると燃える、ないと燃えない

とりあえず目標を立て、紙に書く。
同時に自分の「大切にしたいもの」を決めておく。

㊶ 決断が早い

　これまでいろいろな上司を見てきたとはお伝えしてきましたが、特に仕事ができる上司というのは何においても決断が早いものです。私が「この件に関しては、今こうなっていて・・・ああでもないこうでもない・・・」という話をすると、ふむふむと聞きながら「うん。じゃあ○○でいこうか」と迷いなく決めてしまいます。
「なんでそんなに迷いがないの!?」と、若いときはそれが不思議で仕方なかったのですが、今思うとそれもやはり目標と優先順位が明確だったからなのでしょう。
　どんな仕事にしても、自分の生き方にしても、ある程度の最終目標が見えているのです。
　つまり、「いつまでに何をしないといけない」ということが常に頭にあるので、何に関してもそこから**逆算してものごとを組み立て、判断ができるのだと思います。**

目標から逆算するから早い

　大人数での仕事をするときなども、仕事ができる上司は「ここはこの人」「ここはこの人にやってもらって・・・」といったように判断が素早い。見ていて気持ちがいいですし、この人に任せていれば安心だなぁという信頼感が生まれます。

逆に、「自分は決断力がない」、「優柔不断」、という自覚症状のある人がいたら、とにかく目標を意識して優先順位をつける練習をしないといけません。

　考えすぎてしまう人はまじめで優しい人が多いと思うのですが、「う～ん」「どうしよう・・・」と意気地のない姿勢は見ていて「頼りないなぁ」という印象を与えてしまいます。

　たとえばご飯を食べるお店を選ぶとき、
「ねぇ、どうしようか？」→「う～ん、どうしようか」。
「迷うね」→「そうだね、迷っちゃうね」。
「何食べたい？」→「う～ん、何でもいいんだけど」。

　こんならちの明かないやりとりではだんだんと疲れてきてしまいますよね。

　コストパフォーマンス？　ジャンル？　雰囲気？　何でもいいので軸を1つ見つけてみましょう。それで最低条件を満たしているようなら、「よし、じゃあここにしようか！」と、バッと入ってしまう。そんな勢いも大切ではないでしょうか。

　決断は訓練と慣れです。小さなことも「自分で決める」という意識を持ちましょう。

時間で区切ってしまう

　また、ものごとの組み立てや決断でいうと、**「いつまでにやる」という期限を設ける意識が大切です。**どんなことも、何となくやっていたのでは時間がいくらあっても足りません。

　「ご飯を食べるお店は5分以内で決める！」「2分以内にオー

ダーする！」といったように、決めるのが苦手な人は時間を区切ってしまいましょう。

　決断の早い人、時間感覚のある人、スケジュールの組み立てがうまい人などは、日常の生活からタイムリミットを意識して生活しています。

　たとえば上司を見ていると、どの人も朝出社してきたら迷わずパソコンに向かい、目にも止まらぬスピードで仕事を片付けていきます。**席に座って「何しようかなぁ・・・」ではなく、出勤中に何をどの順番で片付けるか考えているのです。**

　そして、席についたらすぐ集中モードに入って、時間を区切りながら作業しています。

　私もそんな上司に習い、通勤電車の中で携帯電話のメモに「何と何をして・・・」なんていう感じに段取りをしておき、目安の時間を決めておきます。

　そして、やらないといけない仕事は集中力の高い午前中になるべく片付けるようにしているのです。すると「あっ、まだ11時。ラッキー！」なんていうこともあります。

　一つひとつの仕事をゲーム感覚でやれるので、集中力と効率がとても高くなるのです。

　家庭の中でも、「捨てるもの」と「捨てないもの」、「晩御飯の献立や料理の順番」、「掃除の仕方」などなど優先順位や時間を区切る意識があるとどんどん効率化できると思います。

　そして、余った時間で何でも自分の好きなことをやることもできるはずです。

必ず、2分以内にオーダーする

意思決定の早さは信頼感。
優先順位とタイムリミットを明確にしよう。

㊷ 面倒をためない

後回しにしてしまうこと、ありますよね。

私も昔、やらなくてはいけない書類を「ああ、やらなきゃなぁ」と思いながらどんどん先延ばしにしていました。

そうして他の人に「あれ、どうなってます？」と言われて「ギクッ！」となる。

そういうときというのは、だいたい「やらなきゃ」という気持ちだけが先行していて、「今日もできなかった」「明日やろう」「まぁ週明けで・・・」といった感じでどんどん先延ばし。重い気持ちだけが積み上がっていきます。

すると「これだけ時間をかけてるからうまいこと作らないとなぁ・・・」と、余計に頭を捻ることになってしまうのです。

雪達だるま式に増える面倒

メールの返信、家事、整理整頓・・・面倒なことは尽きませんが、その結論は、**とにかくすぐにやってしまうこと。やっぱりそれしかありません。**

「嫌だなぁ」と脳が思う前に、もう強制的に手をつけてしまう。そうすると、「まぁ一丁やりますか・・・」とできるような気がします。

面倒というのは雪だるまのようなもので、小さな面倒はコロ

コロ転がるほどどんどん大きくなっていき、もう最後には必死にがんばらないと対処できなくなってしまいます。

　本来ならたった数秒数分でできたことが、何時間も何日もかかるものに変わってしまうのです。

　私の場合は特に部屋の片づけが苦手で、前に住んでいた家は散らかし放題で、引っ越すときがもう本当に大変でした。

　それにこりた私は心を入れかえ、**「とりあえず元に戻す」**というのを実践しています。

　たとえば使った食器、洗濯した服などなど、別にキレイにしなくてもいいからとりあえず所定の位置だけ決めておき、そこに納める。そして、月に1回でも気が向いたらキレイにする。

　そんな感じで自分の続けられる範囲で改善しています。

「もののついで」の意識

　あとは、「もののついで」という意識を持つのも面倒を片付けるいい方法かもしれません。

　たとえば、用事でどこかに出かけたら、「ついでにその近くでもう1つ予定を済ませよう」という具合です。

　「メール返したついでに、あの人にも連絡しとくか」、「台所に立ったついでに洗い物でも」。

　このとき、「あ、これもできるじゃん。ラッキー」という心持ちがポイントです。ラッキーラッキーと、面倒なことは深く考えずにやるのが一番です。

ためこむとやって来る、"面倒"の雪だるま

面倒は小さいうちに片付けよう。
深く考えず、パッと動いてパッとやる。

43 準備はしても完璧は目指さない

　気配りが空回りしてしまう人には、「何でも完璧にやらないと気がすまない！」という人が多いかもしれません。

　たとえば、前述した「人前でのスピーチ」のように、原稿を綿密に用意すればするほど、それは「失敗できない」というプレッシャーになってしまいます。

　あるいは仕事のとき、デートコースを考えるときなど、こだわればこだわるほど理想が高くなるために、ちょっとしたハプニングでぐらついてしまいます。

　「絶対大丈夫！」というものを目指すほど、失敗したときの反動が大きいというジレンマがあるのです。

　では、どうすればいいのでしょうか？

　それは、失敗を前提にしておくことだと思います。

　完璧なものなどない、必ず思い通りにいかない部分があるから、それを含め計画を立てていく。臨機応変に対応していくというスタンスです。

先手を打って報告・連絡

　では、実際にとれる行動はどんなことかといえば、何ごとも先手を打って動いていくことになります。

　仕事でありがちなのは、自分の担当している作業を決められ

た期限ギリギリまでやっているというパターン。

　もちろん決められた期限ですから、「それより前に完成していなければいけない！」ということではありません。

　ただし問題は、**期限が来る前に途中経過を報告しているかどうかということです。**

「ホウレンソウ」という言葉がありますが、「ホウ（報告）、レン（連絡）、ソウ（相談）」のうち、とにかく大事なのが報告と連絡。

　私は人に仕事を任せられた場合、報告と連絡をこまめにするようにしています。

　1つには、自分のやっていることが相手の意図や思惑と合っているか早い段階で確認するということ。もう1つには、相手を不安にさせないことがあります。

誰しも、待っている時間は不安

　というのも、人間を一番不安にさせるのは「どうなっているかわからない状況」です。

　つまり、待たされている時間。その時間が長ければ長いほど人は心配になってきてしまいます。

　たとえば誰かと待ち合わせているとき。

「来るかな、来ないかな・・・まだかな・・・もしかして何かあったのかな？」。

　連絡がないと人はどんどん不安になってしまい、それがフラストレーションに変わっていってしまうのです。

一方、「ごめんなさい、30分遅刻しそうです」という連絡を早い段階でしておけば、相手もその分ゆっくり家を出るとか、どこかで時間をつぶすとかができるようになります。

　何ごとも、途中経過を連絡・報告しておくのは相手の不安を取り除くことになるのです。

　だから仕事でも、「これ作っといて」と言われたら、半分くらいできたところで「こんな感じでやってます。どうでしょうか？」と確認してみるようにしましょう。

　この一言があれば、**「ちょっと違うなぁ・・・」という場合でも、早い段階でやり直しができます。**

　ところが、これを時間いっぱいやってしまっていると、もうやり直しがききません。

　そのため、期限が延期されたり、誰かに手伝ってもらったりして、結局誰かの時間を奪うことになってしまうのです。

　完璧を目指すあまり、墓穴を掘ってしまうことになります。

　もちろん、アクションは連絡や報告だけではありません。「こういう場合はどうだろう？」という想像力が「先手を打つ」行動につながります。

　自分の都合はひとまず置いておき、人の気持ち、空間、時間を優先して考えるようにしてみてください。

　ちょっと失敗したことがあったら、「空回っちゃったけど、まぁしょうがないよね」と肩の力を抜いていきましょう。

気配り上手の効率的なタイムマネジメント

> 先手の打てない人は、見ていて不安になる

その件の報連相をお願いね

ハイッ…？

**予想外のことはどんなときにも起こるもの。
だからこそ、人を不安にさせない配慮を。**

44 勉強や仕事は朝にやる

　あなたは朝型、夜型、どちらでしょうか？
　特に資格や語学など、何か勉強をしたいことがある人にはもう絶対に朝をおすすめします。やっぱり朝は気持ちがいいですし、「脳が働いてるなぁ」という感じで、集中力が高まっているのがわかるからです。

早起きするには、早寝に勝るものはなし

　では、どうやって早起きするかといえば、これはもう早寝しかありません。
　夜、一日中がんばったあとに頭を働かせようとしても、やっぱり鈍ります。
　そのため、勉強しないといけないことがあるときには、あまり夜の予定は入れず、人と会うならお昼時や夕方くらいにして、サッと帰ってサッと寝てしまいます。
　その分、朝勉強したり早く会社に行ったりして、バーッと集中してやらなければいけないことを終わらせて、定時で帰るといういい循環ができるはずです。
　「朝は有意義な時間」ということがわかると、夜は余計なことをせず寝て、朝は苦もなく、むしろワクワクして起きることができるのです。

勉強のリズムをつくる

では、もうちょっと具体的に勉強のリズムを見ていきましょう。

私が米国秘書検定という資格の勉強をしていたときは、大きく分けて2つのパターンがありました。

まず5時頃起きて、家の中で自分の好きなコーヒーをいれて音楽をかけて、会社に行くまでの2～3時間を勉強に充てる。これが基本で、一番理想的なものです。

もう1つは、あまりやる気がわかないとか、家だと眠くなりそうだと思ったとき。そんなときは、とりあえずスターバックスなどのコーヒーショップに行くことにしていました。

当時勤めていた会社の近くのスタバは、開店時間の7時から人がいっぱいで、それぞれ読書や勉強をしていました。

そんな様子を見ると、「おお、これは眠くなってる場合じゃない！」と、テンションが上がってきます。

図書館と同じで、**特に勉強する気がなくても雰囲気にのせられてしまうのです。**

このように「やらざるを得ない」空間に入るのも1つの手でしょう。

別に勉強でなくとも、早起きした時間で本を読むとか、インターネットをするとか、中身は何でもいいと思います。

とにかく、夜やっていることを朝にする。それだけで生活は変わってくるはずです。

> やらざるを得ない環境に追い込んでみる

キッパリ捨てる資格勉強

　あなたがもし今試験勉強をしている人、これからはじめようとしている人ならば、まず大切なのは試験に合格すること。どんな資格試験でも共通して、これが最大の目標ですね。

　ところが、私が講師として勉強を教えていると、どうもそうではないところに意識が向いている人が多いように思います。

　たとえば、テキストの内容をノートへきれいにまとめる。テ

キストの隅から隅まで覚えようとして、試験本番では出題されないであろう部分に力を注ぐなど。そんなことをしていては時間がいくらあっても足りません。

私が試験勉強していたときは、まず過去の試験問題をテキストも何も読まずに解いていました。

すると、50問あったとすると、48問くらいは不正解です。

もちろん勉強などしていないので当たり前なのですが、「2問だけ!? 悔しい！」と燃えてきます。そして、次は間違えたくないので「1問目、間違った理由は・・・？」と、テキストで該当する箇所を読み込んでいきます。

そして、気づいたポイントなどがあったらノートではなく、すべてテキストへ書き込んでいく。

そうすると、2回目は半分くらい。3回目は8割正解！ というように、だんだんとできるようになってくるのです。

これをいろいろな問題で繰り返していると、**最終的にテキストのうち真っ白な部分、書き込みの少ない部分が出てきます。**つまり、これが試験にはあまり出てこないところ。あまり勉強しなくてもいいところなのです。

どんな試験でもそうですが、わかるところを落とさないことが、合格の秘訣です。

マジメな人ほど細かいこと、難しいことまで覚えようとする傾向がありますが、そこはキッパリ捨て、取れるところを取る。それが一番効率的な勉強法ではないでしょうか。

聞いて見て話して覚える語学の勉強

では続いて語学ですが、語学の基本はまず聞くことです。

私がオーストラリア留学をしていた頃、現地の日本の先生は、生徒に対して絶対に日本語しか話しませんでした。「本を開けてください」「窓を閉めてください」など、日本語を話しながらジェスチャーで示します。10回、20回と同じことをしていくうちに、生徒は「～してください」の使い方を覚えていくのです。

日本のスタイルのように「日本語を英語に訳す」という作業は一切ありません。生徒達は、聞いて、見て、実際に使いながら体得していくようでした。

話は変わって2008年、私はフランス語を学びに3週間だけ語学留学に行きました。現地の語学学校で、日本人は私1人。先生はフランス語しか話しません。

毎日9時から17時までフランス語の音の嵐・・・。

結構な苦痛でしたが、「私はここにフランス語の音を聞きに来ているんだ！」と割り切って音に集中してみると、特定のフレーズや言い回しが耳に残るようになりました。

そして次の日、覚えたフレーズを友人に言ってみる。そうすると、また聞きなれないフレーズが返ってくる・・・。

まるで赤ちゃんになったような感覚でしたが、そんなことを繰り返しながら3週間後。帰国し、自宅でフランス語会話の

CDを聞いてみると、自分でも驚くくらい音を聞き取ることができていました。脳が音を覚えているからなのか、発音も割と簡単にできます。

そんな経験を経て思いましたが、**語学とはまさに「聞く」、「見る」、「話す」。五感で覚えていくものなのだと思います。**

そこで、私がおすすめする語学習得方法は映画です。

英語でもフランス語でも中国語でもいいのですが、**好きな映画を吹き替えなし、字幕なしで観てみます。** 最初は意味がわからないかもしれません、2回目は何となく筋が見えてきます。3回目はキャラクターに目が行くようになり・・・というように、だんだんと細かい部分に気が向いてくるのです。

そこで出てきたフレーズを音でどんどん覚えていき、また次の映画を・・・。マジメにやると本当に効果の出る方法です。

中には独学で、かつ留学経験のない人でもとても発音のいい人がいますが、そういう人はまさに「見る」「聞く」「話す」の勉強をしている人だと思います。

**資格、語学、読書、残業・・・。
あらゆることを朝に持ってこよう。**

45 気疲れを癒す

　ここまで、気のつかい方についていろいろと述べてきました。ですが、どれだけ気づかいができるようになっても、やっぱり疲れることはあります。

　私も、一度にたくさんの知らない人に会う機会があると、やっぱり次の日は「ゆっくり休みたいなぁ・・・」という気分になってしまいます。

　そんな気持ちを吹っ切り、充電をするためにも、頭や身体、気疲れを癒す時間が必要です。

　特に大事なのは頭と心の充電。そのためには何も考えない「無」の時間をつくるといいでしょう。

運動で得る無の時間

　私の見てきたほとんどの上司も、自分を空っぽにする「無」になる時間を持っていました。

　たとえば、出張先のホテルに関して「そこはジムがついてるかな?」と聞いてきたり、出勤前にはテニスで汗を流していたり、あるいはウォーキングができるようにといつも運動靴を持っていたり、必ず何らかの運動をしているのです。

　身体を無心に動かして頭や精神を休めているのでしょう。

　余談ですが、箱根に「強羅花壇」という老舗の旅館がありま

す。最近そこに、以前にはなかったジムができました。

　高級旅館ですから、泊まる人には私の上司のような人が多いのでしょう。おそらく、「ジムはないの？」という要望が多かったのだと思います。

自分の好きな空間を演出する

　もっとも、精神的な疲労やストレスへの対処で一番大切なのは、何がストレスの問題になっているのか。それを考え、解決していくことです。

　ただし、それには時間がかかるかもしれません。

　ですから、それと同時並行でちょっとしたストレスの解消法をいくつか持っておくといいでしょう。

　私の場合、そこが異国であれ何であれ、自分の好きな空間を作ってしまうというのが１つのテクニックです。

　たとえば私はコーヒーが好きなので、出張などでコーヒーショップがない場所に行っても、とにかくコーヒーショップにいるような気分を演出します。

　インスタントコーヒーをいれ、感じのいい音楽をかけ・・・すると、気分だけでも落ち着いてくるものです。

引きずらないで、切り替える

　また、会社での疲れは会社の外には持ち出さないことも大切です。仕事が終わり、会社を出た途端に「よし、今日もがんばった！」と、気持ちを切りかえます。

そして、家に帰ったら早く寝て、頭の中をリセットして、また次の日もがんばる。
　そんな習慣が、たまには疲れつつ、でも楽しく気をつかえるポイントなのかもしれません。

> **力を抜くところ、入れるところ、緩急をつける**

疲れてきたら、スイッチを切る。
頭を空にし、リラックスできる習慣をつくろう。

終章

今さら人には聞けない、オトナの常識とマナー5編

贈り物編

お中元・お歳暮

重要度はお中元＜お歳暮
3000～5000円が相場ですが、自身の年齢や相手との関係によって上下します。目上の相手や、普段特にお世話になっている方ほど高価なものを贈ります。
お中元よりもお歳暮の方が重要度が高いため、お歳暮のほうがやや高めの金額になります。同様に、お中元を贈る場合はお歳暮も贈るのが一般的です。

贈る品物は、季節・相手・自分と相手との関係に合ったものを。
会社に贈るなら、仕事中に飲食できるもの（切り分ける必要のない、小包装のもの）、子どものいる家庭ならジュースやお菓子などもよいでしょう。逆に人数の少ない家庭に、賞味期限内に食べきれない程の大量の食品は避けます。また、一時的にお世話になった相手にはお菓子やハンカチ等、もらっても気持ちの負担にならないものを。

こんなときは・・・
相手が喪中の場合は、四十九日が過ぎるまで時期をずらします。「暑中御見舞」や「暑中御伺い」にしたり、紅白の水引きを控えたりするとよいでしょう。
「お世話になりました」の一言、感謝の気持ちや贈り物を選んだ理由など、素直な気持ちをこめてメッセージを添えると心づかいが伝わります。特にギフト券などは便利ですが、それだけ送るのも何だか味気ない気がしてしまうかもしれません。メッセージの他にも、手作りの小物や家庭菜園でとれた野菜など、何かちょっとした自分らしいオマケをつけると、より気持ちが伝わる贈り物になるでしょう。

来客・訪問編 / 葬儀編 / 結婚式編 / 食事編 / **贈り物編**

今さら人には聞けない、オトナの常識とマナー1

お祝いの贈り物

結婚祝い
挙式の1〜2ヶ月前より遅くとも1週間前・送り状を添えて贈りましょう。新生活に必要な家電や食器、調理器具、インテリア小物など。

出産祝い
目安は5000円から1万円。人気はやはりベビー服ですが、赤ちゃんはすぐに成長するので、1、2年先に使えるものを。

入学・就職祝い
学校の必需品も人気ですが、すでに贈られている場合もあるので、重複しないよう事前に望まれる品を聞いておく方が無難。

引越し・新築祝い
「火」や「煙」を連想するライターや赤色のものはNG。どんな部屋にもなじむようなシンプルなデザインの雑貨・家電・調理器具など。

昇進・栄転祝い
上司の場合、靴下や下着など、下に身につける類のものは控えます。仕事中に使えるお洒落な小物や、癒しグッズ、趣味にまつわるもの、上質なお酒など。

お見舞い

病気の場合
電話で家族にお見舞いの言葉を述べてから、容態を聞いて面会が可能かどうか確認します。ただし、大人数での面会や長居は避けましょう。

出産の場合
出産直後ではなく、体力が回復した頃に。育児や職場復帰などに対する不安を和らげてあげるとよいですね。

✕ 匂いの強い花、散りやすい花、鉢植えの花

〇 本、花束、商品券、テレホンカード、病院で食べてよい食べ物

食事編

おもてなしの食事／接待

事前準備の流れ
① 参加者を決める
② 日程を調整する（相手の忙しい時期を避け、候補日を複数提案します）
③ 会場を選ぶ（収容人数・相手の好み・騒がしくないか・交通の便などを考慮）
④ 予算を決める
⑤ 会場を予約する
⑥ 参加者に連絡する（日時、会場の所在地、地図、連絡先を送ります）
　＊接待の場合、手土産や送迎の手配
⑦ 前日確認を送る（再度、日時や会場などを確認します）

食事のマナー

席次
下の図の番号が小さいほど格上の方の座る位置になります。

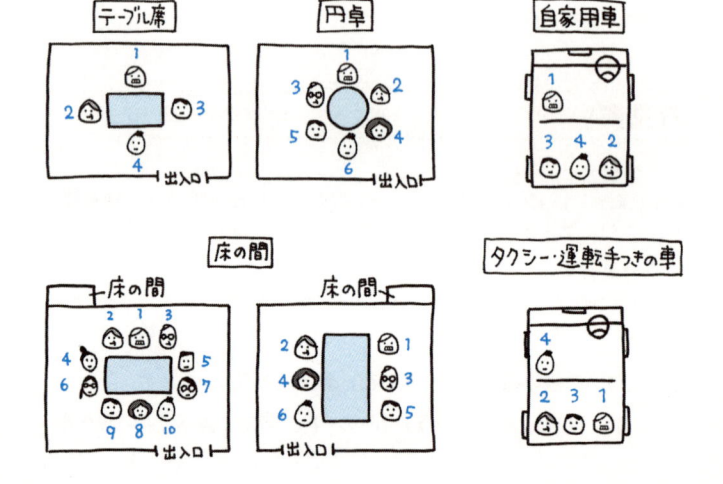

今さら人には聞けない、オトナの常識とマナー2

フルコースのマナー

パンは小さくちぎって食べます。スープは皿を傾けず、手前から奥へすくうと上品です。
魚料理は、ナイフとフォークでヒレを取り除いてから食べます。口に残った小骨を取り出す時も指ではなくフォークを使います。
肉料理は、「ウェルダン」や「ミディアム・レア」など、焼き具合を尋ねられるので予め決めておきましょう。肉は左側から一口づつ切って食べます。

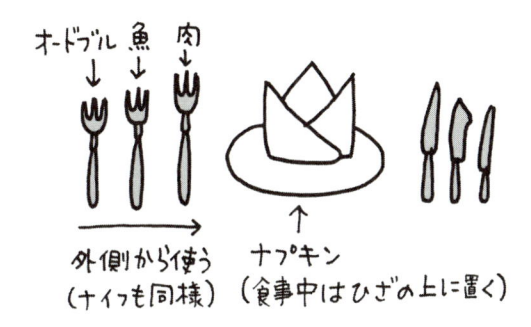

オードブル 魚 肉
↓ ↓ ↓
外側から使う（ナイフも同様）　ナプキン（食事中はひざの上に置く）

ビュッフェのマナー

1つのお皿に温かいものも冷たいものも一緒にたくさん盛りつけるのはNG。同じような料理を2～3品盛りつけて、食べ終わってから次の料理を取りに行きます。立ち話をはじめて長くなりそうなら、相手に飲み物をすすめたり、席について話すことを提案するのが気づかいポイント。

お酒のマナー

注ぐときは、ビンのラベルが上になるように持ちます。
お酌を受ける側は、片手でグラスの底を支え、もう片方の手を側面に添えます。
乾杯のとき、繊細なワイングラスなどの場合はカチンと打ち合わせず、顔の高さまで軽く持ち上げます。

結婚式編

結婚の知らせを受けたら

返信の書き方
招待状が来たら、出席の場合は返信、欠席の場合は返信と祝電を手配します。すぐに返事ができない場合は差出人に連絡しましょう。いずれの場合も、お祝いの言葉を添えるのが礼儀です。招待されていない場合も、お祝いのメッセージを送るとよいでしょう。

祝儀

祝儀の相場
新郎新婦との関係や年齢、地域によっても異なりますが、だいたい身内以外は3万円が相場となっています。披露宴での料理の単価がだいたい1～2万円。引き出物の分を入れると3万円が相場、という計算です（会費制のパーティでは不要です）。身内の場合、きょうだい、甥・姪（自分が叔父・叔母）などであれば5～10万円、その他の親族なら3～5万円といったところです。
披露宴に出席しない場合は、祝いの気持ちとして5千円～1万円を挙式の一週間前までに渡します。

祝儀の表書き
祝儀の表書きは毛筆が原則ですが、筆ペンも許されています。万年筆やボールペンは不作法とされるため、どうしても筆が苦手な方はサインペンを使うとよいでしょう。文字の色は黒に限ります。お祝い事の場合は濃い黒を、葬式や法事など仏事のときは薄墨で書きます。行書などの続け字やかすれもなく、楷書ではっきりと書きましょう。

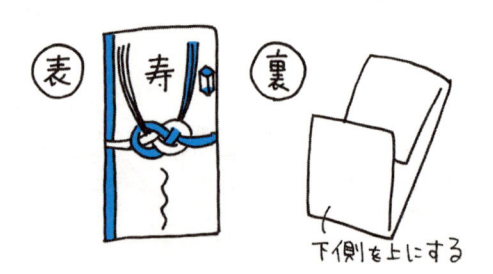

今さら人には聞けない、オトナの常識とマナー3

ふくさに包む
祝儀袋はふくさに包んで持ち運びます（左から折りはじめます）。

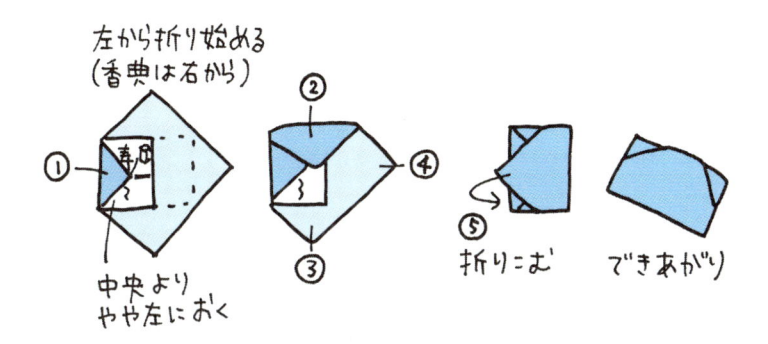

左から折り始める
（香典は右から）

① 中央よりやや左におく
②
③
④
⑤ 折りこむ
できあがり

当日

受付でのマナー
ご祝儀はふくさに包んで持ち歩き、渡すときにふくさをといて取り出します。新郎・新婦どちらの招待を受けてきたかを告げ、「本日はおめでとうございます」とお祝いを述べ、名前を言い、それから芳名帳に記名します。

スピーチを頼まれたら
まずは自分がどの立場で話すのかを確認しましょう。新郎・新婦の上司としてのスピーチなら、仕事上での活躍などを具体的に、会社の人間以外全員にも伝わるように話します。友人としての立場なら、自分しか知らないエピソードや人柄などを話します。事前の準備もある程度は必要ですが、大切なのは、新郎新婦の2人に向けて、これから幸せになって、という気持ちを込めて話すことです。予定どおりにいかなくても、慌てずその場の流れに乗りましょう。

葬儀編

訃報を受けたら

まず何をすべきか
関係者に取りつぐため、どこで、誰が亡くなったのか、通夜や葬儀の日時などの詳細を確認します。故人が友人や知人なら、葬儀に参加し、手伝いを申し出るなどして遺族の助けになれるとよいでしょう。社員やその家族・取引先関係等なら、会社としての対応を確認します。通夜にも告別式にも参加できない場合は、弔電を打ちます。

気をつけること
悲しみの渦中にありながらも葬儀の準備に忙しい喪家に配慮して行動しましょう。無配慮に故人の死因を聞いたり、忙しい時に電話をかけたりするのもNG。

香典

香典の相場
知人や同僚、上司なら3000〜5000円。両親なら10万円、きょうだいなら3〜5万円、祖父や祖母なら1〜3万円程が相場です。祝儀に比べやや低めですが、特に親しかった人やお世話になった人には目安よりも高めに包みます。一般に、血のつながりが濃いほど高額になります。

香典の表書き
「御霊前」はほとんどの宗派で使えます。「御仏前」は四十九日以降の法要で使うものなので注意。薄墨または薄墨の筆ペンで記入します。仏式なら「御香典」、神式なら「御神前」「御玉串料」、キリスト教式では献花を行うので「お花料」と書きます。

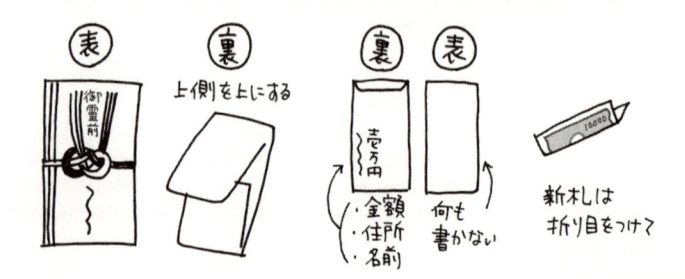

今さら人には聞けない、オトナの常識とマナー4

ふくさに包む
香典袋はふくさに包んで持ち運びます（祝儀とは逆の右から折りはじめます）。

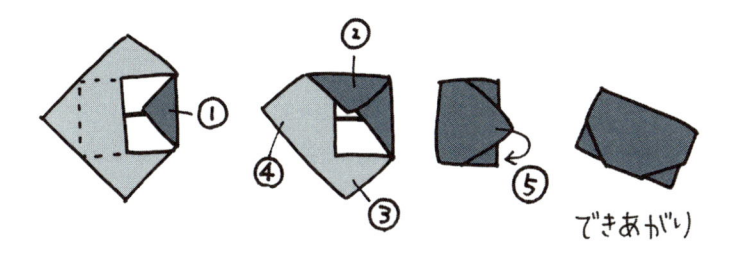

当日

受付でのマナー
香典は受付で渡すまでふくさに包んで持ち運びます。「この度はご愁傷さまでした」と簡単にお悔やみを述べてから記帳します。
服装に関しては、男性は上下の色が同じスーツを着ます。女性は派手な色の化粧品や、光物は使えません。原則的にアクセサリーは一連の真珠のネックレスのみOKとされています。

お悔やみ言葉
＊ご逝去のお知らせを受け、心よりお悔やみ申し上げます。
＊哀悼の念にたえません。
＊お力落としのなきようお祈り申し上げます。
＊さぞご無念のことと拝察いたします。
＊お悲しみはいかばかりかとお察しいたします。Etc.

> ✕ 死ぬ・滅ぶ・去る・重ねる・再び・折り返し・追って・重ねがさね・返すがえす・しばしば・近々・次々などは、使ってはいけない「忌み言葉」とされています。また、「冥福」「成仏」は、仏教用語なので、故人が神教徒やキリスト教徒の場合は使わないようにしましょう。

来客・訪問編

来客

お客様を迎える前に
人数分のスリッパ、飲み物、お茶菓子、灰皿などを用意します。トイレや洗面所は念入りに掃除しておきましょう。トイレットペーパーやタオル、石鹸は、新しいものに取りかえましょう。

お客様が到着したら
コート類や手荷物は「お預かりします」と声をかけて受け取り、コートはハンガーにかけます。汗をかいている場合は、まずおしぼりと水を出しましょう。
案内するときにトイレの場所を伝えておくといいでしょう。
部屋に案内したら、上座をすすめます。ただし、訪問客が目下の方で遠慮された場合は、しつこくすすめないのもマナーです。
あいさつは、洋室では立ったまま、和室では畳に正座して交わします。和室では「どうぞお当てになってください」と言って座布団をすすめます。
手土産をいただいたら、「お気づかいいただきまして恐縮です」「ありがたく頂戴いたします」などとお礼を述べて両手で受け取り、テーブルや床の間など一段高い場所に置きましょう。お茶の支度などで部屋を出るときに一緒に別室へ持っていきます。

お茶を出す
お茶を運ぶときは湯のみ茶碗は茶たくに乗せない状態で運び、テーブルに出すときにセットにして出します。
お茶菓子を出す場合は、お菓子が先、お茶が後です。お客様が複数いるときは、役職の高い方から順に出します。30分を目安に2杯目の飲み物を出します。同じ飲み物ではなく、コーヒーなどの別の飲み物を出しましょう。

今さら人には聞けない、オトナの常識とマナー5

訪問

出発の前に
訪問先で靴を脱ぐ可能性があるなら、靴の中敷きや靴下にも気をつかいましょう。和室で正座する場合は、短いスカートなどは避けます。

訪問先に着いたら
訪問先に着いたら、マフラー・コート、上着は入り口で脱いでおき、片手で持ちます。靴を脱ぐ場合は、入室する方向を向いて（室内の方向に背を向けないで）靴を脱ぎ、靴箱があれば靴箱側に靴のかかとを向けて揃えて置きます。

応接室に通されたら
室内に通されて、「こちらにおかけになってお待ちください」と言われたら「ありがとうございます」と言い、上座に座りましょう。謙虚に振舞おうとして下座に座ると、かえって相手に気をつかわせてしまいます。

まとめ

自分の立場・役割をとらえることが第一です。自分がその場その時で何を求められているか、どうしたらまわりの人が心地良くいられるかを意識してみましょう。

【著者略歴】

能町光香（のうまち・みつか）

青山学院大学卒業後、2年間商社に勤務。その後はオーストラリア留学などを経て、2000年よりエグゼクティブアシスタント（重役秘書）としてのキャリアをスタートさせる。外資系の証券会社、製薬会社、老舗宝飾品ブランドの社長室などで勤め、現在も現役の秘書として活躍中。また、株式会社バベルの依頼を受け、米国秘書検定マネジメントコースの講師も務めている。日本人では数少ない上級米国秘書検定（CAP）合格者として、マネジメント層の右腕となり活躍できるエグゼクティブアシスタントの養成に力を注いでいる。

公式サイト
http://www.mitsuka-noumachi.com/

誰からも「気がきく」と言われる45の習慣

2010年11月11日　初版発行
2011年1月15日　第5刷発行

発行　**株式会社クロスメディア・パブリッシング**

発行者　小早川　幸一郎

〒150-0001　東京都渋谷区神宮前2-13-5第6渡辺ビル
http://www.cm-publishing.co.jp

発売　**株式会社インプレスコミュニケーションズ**

〒102-0075　東京都千代田区三番町20

- 本の内容に関するお問い合わせ先 …… クロスメディア・パブリッシング
  TEL（03）5413-3140　FAX（03）5413-3141
- 書店・取次様のお問い合わせ先 …… インプレスコミュニケーションズ
  TEL（03）5275-2442　FAX（03）5275-2444
- 商品の購入及び乱丁本・落丁本のお取り替え …… インプレスコミュニケーションズ　カスタマーセンター
  に関するお問い合わせ先　TEL（03）5275-9051　FAX（03）5275-2443

カバーデザイン　7X_NANABAI.inc　榎本太郎
イラスト　ぼるか　村山宇希
本文デザイン　都井美穂子
Noumachi Mitsuka　2010　Printed in Japan

印刷・製本　凸版印刷株式会社
ISBN978-4-8443-7111-3 C2034